MAZUKURI
BABY BONNET

MAZUKURI
BABY BONNET

마즈쿠리의 베이비 보넷

강유경 지음

래디시

PROLOGUE

마즈쿠리는 일본어로
'엄마(마마)가 손수 만든 것(테즈쿠리)'의 줄임말입니다.
이름의 의미에서도 유추할 수 있듯이 저의 작품들은
나의 아이에게 주고 싶은 것들로 가득합니다.
첫째 아이가 갓 태어났을 때부터 사부작사부작 무언가를 만들었고,
어느 덧 8년이라는 세월이 흘러 지금은
어엿한 뜨개 공방을 운영하고 있습니다.

마즈쿠리의 제품을 하나씩 출시할 때마다
많은 분들의 사랑을 받았습니다.
내 아이를 위한 마음, 그 한 가지는
모두 같다는 생각에 뭉클하고 감사했습니다.
귀한 작품을 직접 만들어볼 수 있기를 바라며
인기 제품의 도안을 이 책에 담았습니다.

이 책을 보고 있는 대부분의 독자가 그러하듯
제 뜨개는 '누군가에게 따뜻함을 전하는 마음'에서 시작했습니다.
내 아이, 부모, 그리고 사랑하는 누군가를 위한
인내와 노력이 바늘을 들게 한 이유였습니다.

뜨개질은 기술도 중요하지만
작품의 의미를 곱씹을 수 있다는 데 큰 매력이 있어요.
조금 어설프더라도 누군가를 생각하며 공을 들인 시간은
그 무엇과도 바꿀 수 없겠지요.
그 시간 속에서 느끼는 성취감과 행복감을
많은 독자 분들이 직접 경험하셨으면 좋겠습니다.

마즈쿠리 강유경

CONTENTS

BEGINNING 뜨개를 시작하기 전에 — Part 1

사용 도구들 014 / 작품에 쓰이 실의 종류 016 / 도안에 사용된 기호 018 / 도안을 읽는 방법 019

BASIC 귀여운 아기 보넷 — Part 2

○ **작품에 필요한 기법 다지기** 한길긴뜨기 원형뜨기 038 / 한길긴뜨기 평면뜨기 041 / 이중사슬뜨기 045 / 자수 놓기 046

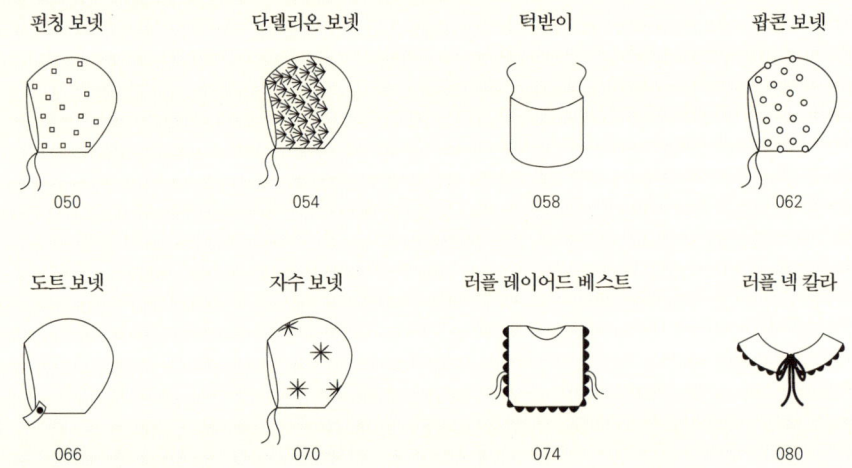

펀칭 보넷	단델리온 보넷	턱받이	팝콘 보넷
050	054	058	062
도트 보넷	자수 보넷	러플 레이어드 베스트	러플 넥 칼라
066	070	074	080

LEVEL UP 사랑스러운 인기 보넷과 소품들   Part 3

○ **작품에 필요한 기법 다지기** 걸어뜨기 고무단 098 / 빼뜨기 연결 방법 100

그래니 페어리 보넷 버블 보넷 브림 보넷 부클 보넷

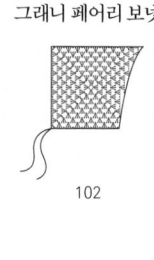 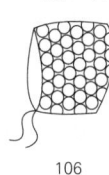  

102   106   110   116

부클 레그 워머 부클 미튼 부클 마스크

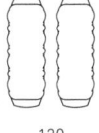  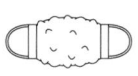

120   124   128

MOTIF 모티브 응용 작품들   Part 4

○ **작품에 필요한 기법 다지기** 모티브 돗바늘 연결 방법 146 / 베스트 고무단 뜨는 방법 148

그래니 모티브 보넷 써클 모티브 보넷 빅 그래니 스퀘어 보넷 모티브 헤어 밴드

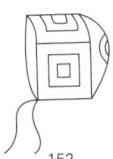   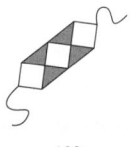

152   158   162   166

모티브 넥 칼라 모티브 베스트

 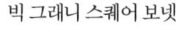

170   174

Part 1

BEGINNING
시작하기 전에

TOOLS FOR USE
사용 도구들

1 **코바늘** 한쪽 또는 양쪽 끝이 갈고리 모양으로 되어 실을 걸 수 있도록 만든 뜨개바늘입니다. 코바늘은 소재와 굵기가 다양하며, 사용하는 실이 굵어질수록 바늘 굵기도 두꺼워져요. 이 책에는 코바늘로 뜬 작품만 수록되어 있습니다.

2 **돗바늘** 일반 바늘보다 두꺼우며, 편물에 남은 실을 숨기거나 실을 꿰어 연결할 때 사용합니다. 실 굵기에 따라 사용하는 돗바늘의 두께도 달라져요.

3 **줄자** 작품의 치수를 확인하기 위해 사용되는 도구입니다. 몸의 치수를 잴 때도 필요하지요.

4 **가위** 실을 자를 때 사용합니다. 일반 가위보다는 수예용인 작고 뾰족한 가위를 사용하는 편이 좋습니다.

5 **마커** 코의 위치 혹은 단의 위치를 표시할 때 사용합니다. 코바늘 편물의 경우 코에 직접 거는 경우가 많아 개방형 마커를 사용하는 편이 좋습니다.

6 **단추** 잠금장치가 필요한 경우 사용합니다. 크기와 디자인이 다양하므로 작품과 어울리는 단추를 준비해주세요.

7 **시침핀** 편물을 고정하기 위한 도구입니다. 모티브 작업 시 블로킹(다림질)이 필요한데 이 과정에서 사용됩니다.

TYPE OF YARN

작품에 쓰인 실의 종류

1   동화   (Cotton 60% Acrylic 40%, 50g/170m)
면 함유량이 높은 제품으로 촉감이 부드러워 아이들용 소품에 적합합니다.

2   더블선데이   (Merino wool 100%, 50g/108m)
울 중에서도 부드러운 메리노 울사로 대바늘이나 코바늘 뜨개 의류에도 많이 사용되는 실입니다.

3   알파카 브랜드 청키   (Acrylic 50% Wool 30% Alpaca 20%, 50g/90m)
따뜻한 느낌을 주며 약간의 털 날림이 있어서 겨울용 의류 및 소품에 적합한 실입니다.

4   소모노모 루프   (Wool 60% Alpaca 40%, 40g/38m)
따뜻한 촉감과 색감으로 유명한 소노모노 시리즈의 루프사입니다. 편물에 포인트를 줄 때 많이 사용되며, 단독으로 사용해도 귀여운 느낌을 살릴 수 있습니다.

1

2

3

4

SYMBOLS USED
도안에 사용된 기호

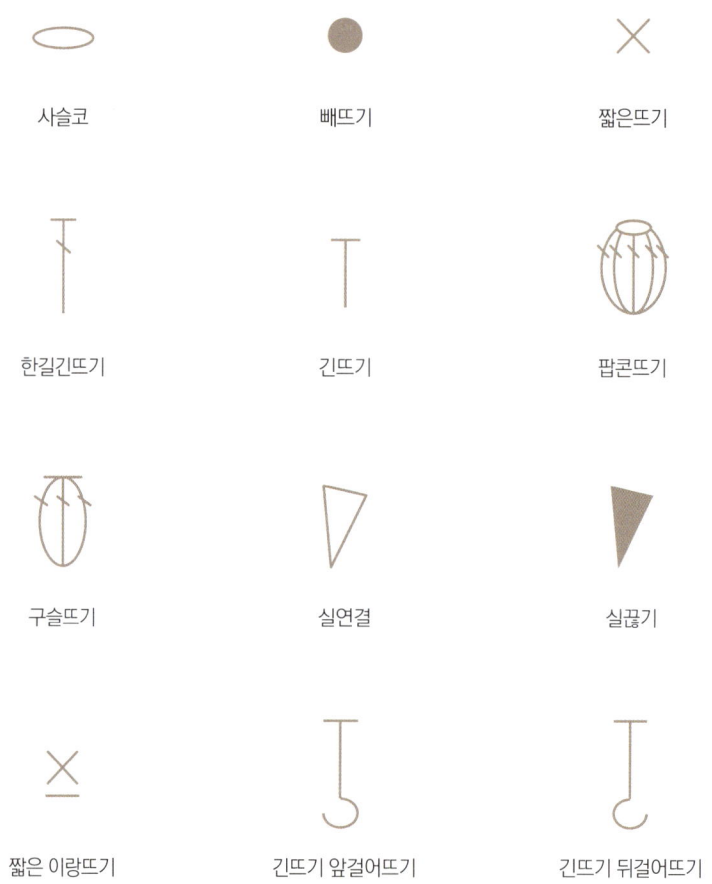

PREVIEWER
도안을 읽는 방법

도안의 왼쪽 상단에는 간단한 작품 소개와 사용 실, 사용 바늘, 만드는 방법이 기재되어 있습니다. 작품 중 사이즈에 따라 다른 호수의 바늘을 사용하는 경우도 있으니, 이 부분은 반드시 확인한 후 작품 만들기를 시작해주세요.

작품마다 완성 후의 사이즈가 기재되어 있습니다. 사이즈가 달라지면 보넷의 크기나 모양이 달라지므로 반드시 완성 사이즈를 확인해주세요.

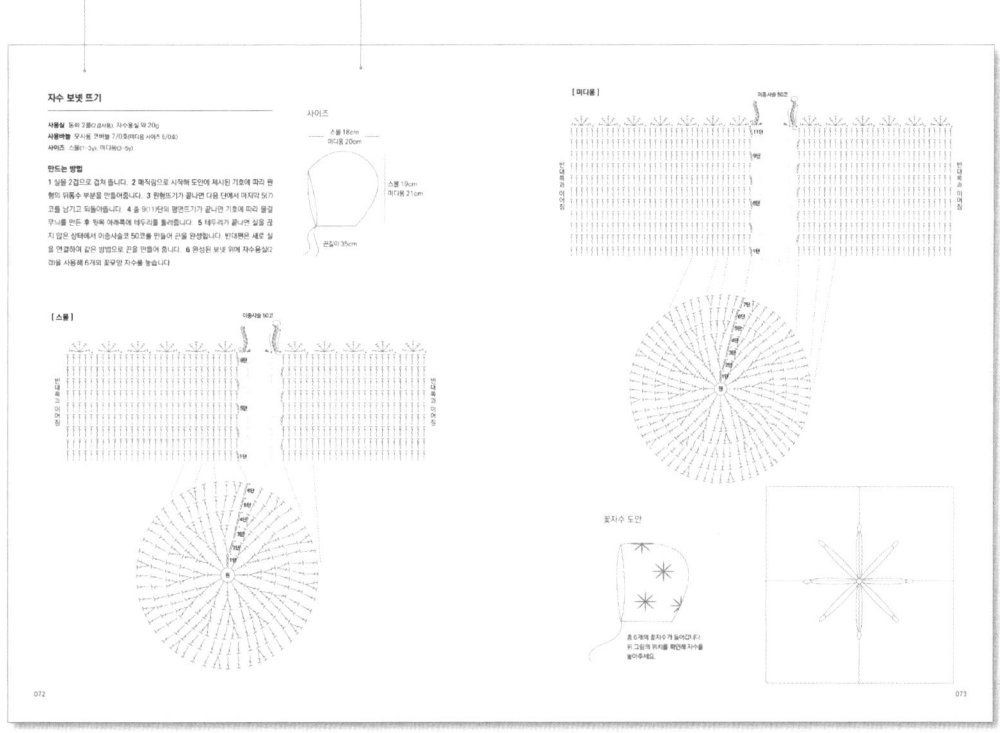

— 중간 생략이 된 부분의 경우 반복되는 구간입니다. 이 전 기호대로 반복해서 떠주면 됩니다.

— 테두리에서 코를 주울 때에는 한길긴뜨기 단에서 2코, 코에서는 1코씩 줍습니다. 테두리 부분 생략 또한 반복되는 구간이니 같은 방법으로 반복해서 떠주면 됩니다.

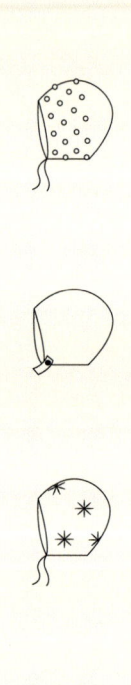

Part 2

BASIC
귀여운 아기 보넷

PUNCHING BONNET
펀칭 보넷

how to make: 50page
yarn: 동화 2겹

DANDELION BONNET
단델리온 보넷

how to make: 54page
yarn: 동화 2겹

BIB
턱받이

how to make: 58page
yarn: 동화 2겹

POPCORN BONNET
팝콘 보넷

how to make: 62page
yarn: 동화 2겹

DOT BONNET
도트 보넷

how to make: 66page
yarn: 동화

EMBROIDERY BONNET
자수 보넷

how to make: 70page
yarn: 보넷과 자수 모두 동화 2겹

RUFFLE LAYERED VEST
러플 레이어드 베스트

how to make: 74page
yarn: 동화 2겹

RUFFLE NECK COLLAR
러플 넥 칼라

how to make: 80page
yarn: 동화 2겹

작품에 필요한 기법 다지기

○ 한길긴뜨기 원형뜨기

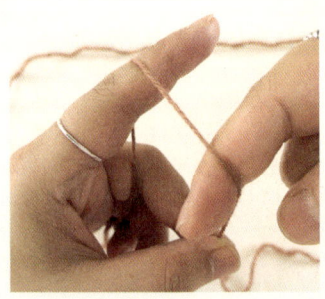

1 오른손으로 왼손 검지에 걸려 있는 실을 한 번 감아 매직링을 만들어줍니다. 이때 매직링의 윗실이 앞쪽으로 나와 있어야 합니다.

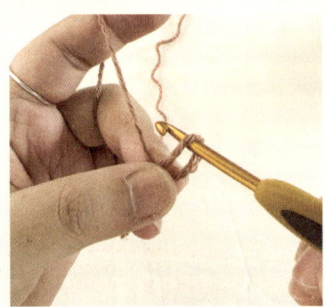

2 원 안으로 바늘을 넣습니다.

3 바늘에 실을 감아 원으로 가지고 나옵니다.

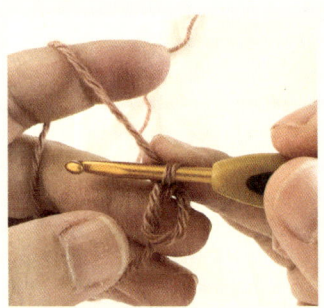

4 이제부터 원을 감싸 한길긴뜨기 코를 만들어줍니다. 매직링의 왼쪽에 꼬여 있는 실은 풀지 말고 함께 떠주세요.

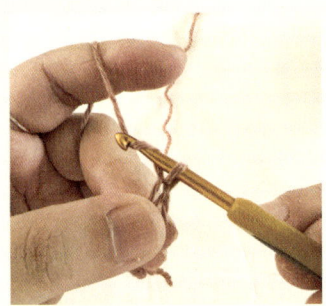

5 다시 바늘에 실을 한 바퀴 감아 고리를 통과합니다. 이 방법을 세 번 반복해줍니다 (사슬뜨기).

6 사슬코 3개가 완성되었습니다. 이 사슬코는 한길긴뜨기를 시작하는 기둥코가 됩니다.

7 다시 바늘에 실을 감아 원 안으로 바늘을 넣습니다.

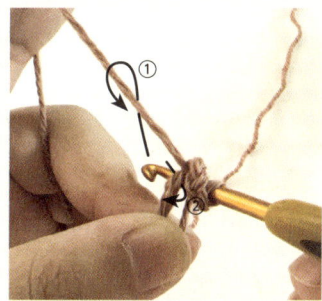

8 원을 통과한 후 왼쪽 검지에 걸려 있는 실을 바늘에 걸어 원으로 다시 가지고 나옵니다.

9 바늘에 세 가닥의 실이 걸렸습니다.

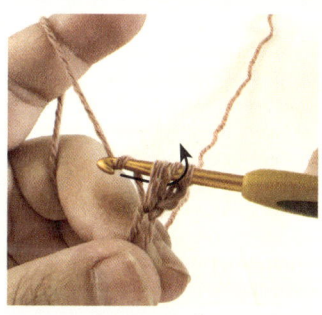

10 바늘에 실을 감아 두 가닥만 통과합니다.

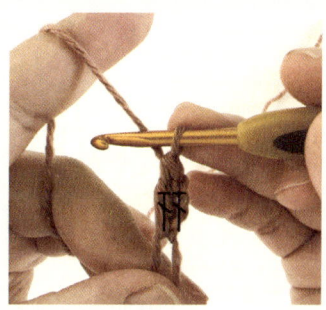

11 한 번 더 반복해 남은 두 가닥을 통과하고 나면 한길긴뜨기가 완성됩니다.

12 기둥코(사슬 3코)를 포함해서 총 12개의 한길긴뜨기를 원에 떠주세요.

13 아래쪽에 남아 있는 꼬리실을 당겨 원을 조여줍니다.

14 처음 만들었던 사슬코 3개 중 마지막 코에 빼뜨기를 해줍니다.

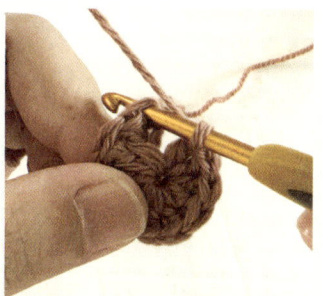

15 마지막 사슬의 사슬반코와 콧등코 두 가닥을 바늘에 걸어줍니다.

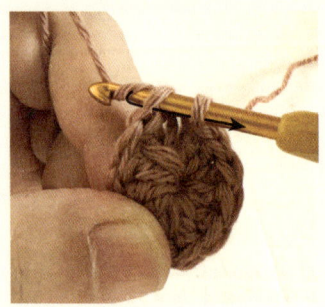

16 바늘에 실을 감아 통과해 나옵니다.

17 빼뜨기로 연결이 되었습니다. 사슬코 3개를 만들어 2단의 기둥코를 만들어줍니다.

18 2단은 한 코에 2개의 한길긴뜨기를 떠서 12코를 늘려줍니다(총 24코).

19 기둥코가 만들어진 자리에 한길긴뜨기 2개가 떠졌습니다.

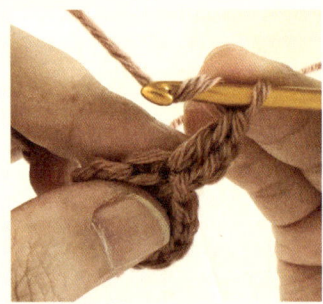

20 브이자 모양의 두 번째 코를 찾습니다.

21 같은 위치에 2개의 한길긴뜨기를 떠줍니다.

22 한 코에 2개의 한길긴뜨기를 떠 총 24코를 만들어 2단을 완성합니다.

23 2단의 빼뜨기 위치를 확인합니다(1단보다 2단에서 기둥코의 모양이 더 정확하게 보입니다).

24 빼뜨기를 해줍니다.

25 2단이 완성되었습니다.

26 같은 방법으로 매 단의 시작에는 기둥코를 만들고, 매 단의 끝은 빼뜨기를 해줍니다.

27 3단을 뜹니다. 매 단마다 12코씩 코가 증가합니다.

28 1코-2코-1코-2코 뜨기를 반복하여 총 36개의 코를 떠줍니다.

29 3단이 모두 떠졌습니다.

30 빼뜨기를 하고 3단을 만듭니다. 이 방법을 통해 도안에 제시된 콧수만큼 늘리거나 줄여 작품을 완성해주세요.

○ 한길긴뜨기 평면뜨기

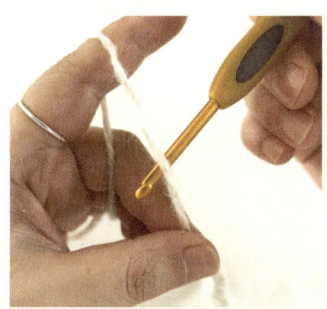

1 왼손 검지에 걸려 있는 실을 바늘에 감습니다.

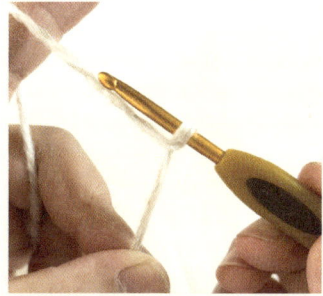

2 바늘에 실이 걸렸습니다.

3 바늘에 실을 감아 고리를 통과해 사슬을 만들어줍니다.

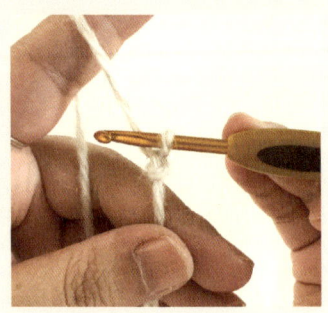
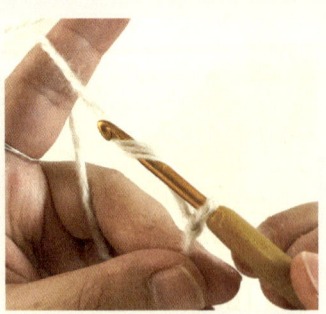

4 처음 만들어진 사슬은 아래 실을 당겨 매듭을 지으므로 코가 사라지며, 이것은 사슬코로 인정하지 않습니다.

5 같은 방법으로 앞에서 뒤로 감아 바늘에 실을 걸어 고리로 가지고 나옵니다(사슬코).

6 도안에 제시된 콧수만큼 사슬코를 만들어줍니다.

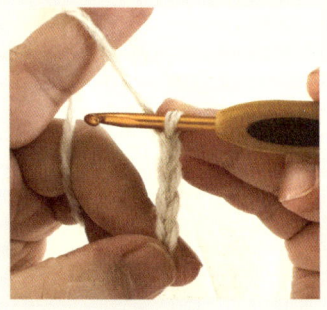

7 다시 한길긴뜨기 첫 단의 시작인 기둥코(사슬 3코)를 만들어줍니다.

8 바늘에 실을 감습니다.

9 처음 만들었던 사슬 기초코를 뒤집어 보면 연속되는 1자 모양의 코가 보입니다. 이를 콧등코라고 하는데 이 콧등코에 한길긴뜨기를 떠줍니다.

> **Tip**
>
> 한길긴뜨기의 기둥코는 한길긴뜨기 1코로 인정하기 때문에 기둥코 사슬 3코, 기둥코의 기초코가 되는 사슬1코, 그 다음인 다섯 번째 사슬의 콧등코에 두 번째 한길긴뜨기를 떠주어야 합니다.

10 콧등코의 앞에서 뒤로 바늘을 찔러넣습니다.

11 바늘에 실을 감아 콧등코를 통과해 가지고 나옵니다. 그럼 바늘에 세 가닥의 실이 걸려 있습니다.

12 바늘에 실을 감아 두 가닥을 통과하고 한 번 더 반복해 한길긴뜨기를 완성합니다.

13 실을 바늘에 감습니다.

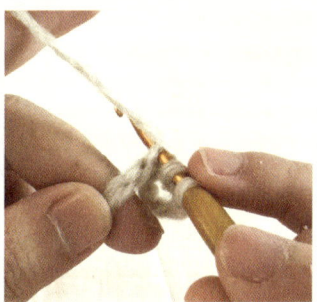

14 그 다음 콧등코 앞에서 뒤로 바늘을 찔러넣습니다.

15 한길긴뜨기를 떠줍니다.

16 같은 방법을 반복하여 처음 만들었던 기초 콧수만큼 한길긴뜨기를 떠줍니다.

17 2단을 시작합니다. 기둥코인 사슬 3코를 만들어줍니다.

18 편물을 뒤로 돌려 기둥코가 오른쪽으로 가도록 해줍니다. 항상 오른쪽에서 왼쪽으로 코가 만들어지기 때문에 단을 바꿀 때에는 반드시 편물을 돌려주어야 합니다.

19 한길긴뜨기는 기둥코가 한 코로 인정되므로, 사진에 보이는 두 번째 코에 한길긴뜨기를 떠줍니다.

20 짝수단은 뒷면이므로 편물을 비스듬히 앞으로 내려야 브이자 모양의 코가 보입니다.

21 실을 바늘에 한 번 감아 브이자 모양 코에 바늘을 넣습니다.

22 한길긴뜨기를 떠줍니다.

23 2단의 2개 한길긴뜨기가 완성되었습니다.

24 2단의 마지막 코 전까지 한길긴뜨기를 떠줍니다.

25 마지막 끝코는 브이자 모양이 아닌 사슬 반코와 콧등코를 바늘에 걸어 떠줍니다.

26 2단의 끝코는 예외적으로 1단 기둥코의 뒤에서 바늘을 찔러넣습니다.

27 한길긴뜨기를 떠줍니다.

28 2단이 완성되었습니다.

29 같은 방식으로 3단까지 모두 떠주세요. 이제 3단의 끝코를 뜰 차례입니다.

30 3단의 끝코는 브이자 모양이 보이는 기둥코 사슬 세 번째 코의 브이자 사이를 찔러넣어 사슬 반코와 콧등코를 걸어 한길긴뜨기를 떠줍니다.

31 한길긴뜨기 평면뜨기 3단이 완성되었습니다. 위 방법을 반복하며 도안에 제시된 단수만큼 떠주면 됩니다.

○ 이중사슬뜨기

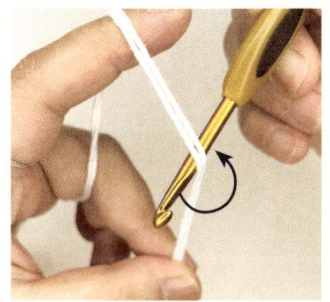 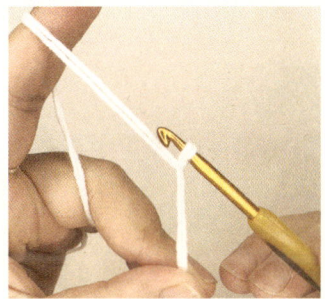 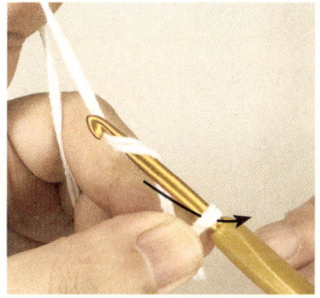

1 바늘에 실을 감습니다.

2 바늘에 실이 고정되어 있습니다.

3 다시 바늘에 실을 감아 사슬코를 만듭니다.

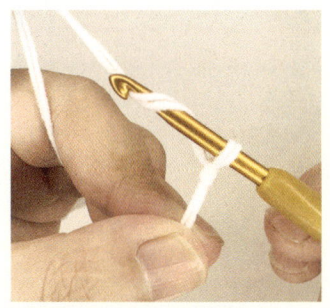  

4 첫 번째 사슬은 매듭입니다.

5 원하는 사슬 콧수만큼 사슬코를 만들어줍니다.

6 사슬코를 뒤집어 보면 1자로 연속되는 콧등코가 보입니다.

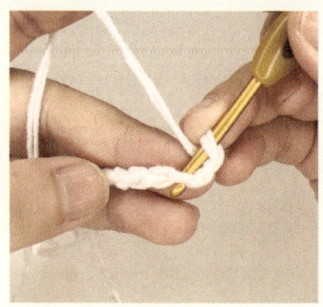
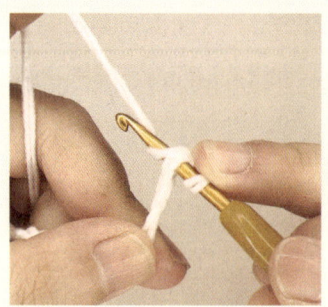
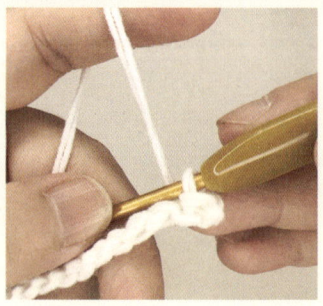

7 이 콧등코의 위에서 아래로 바늘을 넣습니다.

8 바늘을 넣은 상태 그대로 바늘이 뒤로 돌아가 왼손 검지에 걸려 있는 실을 채서 가지고 나옵니다.

9 바늘에 걸려 있는 모든 실을 통과해 빼뜨기가 떠졌습니다.

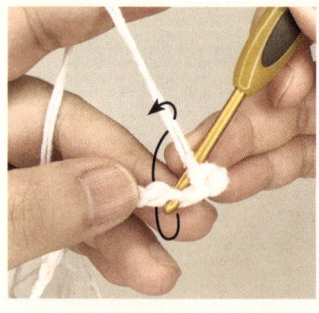
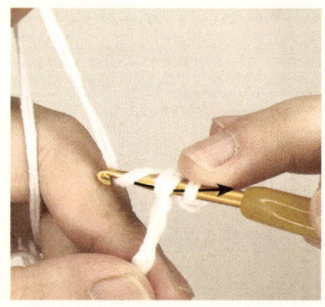

10 다음 콧등코 위에서 아래로 바늘을 넣습니다.

11 같은 방법으로 빼뜨기를 합니다.

12 만들어둔 사슬코가 끝날 때까지 같은 방법으로 빼뜨기를 해주면 동글한 끈이 만들어집니다.

○ 자수 놓기

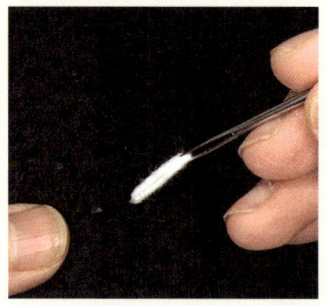

1 동화 2겹으로 된 자수실 약 100cm와 돗바늘을 준비합니다.

2 꽃의 중심이 올 위치를 확인하고 실을 돗바늘에 끼웁니다. 총 8개의 꽃잎 중 아래 꽃잎의 끝부분에 뒷면에서 겉면으로 바늘을 통과시킵니다.

3 바늘을 찌른 위치에서 0.5cm 뒤로 다시 바늘을 찔러 넣어 고리를 만들어줍니다.

> **Tip**
>
> 모든 과정에서 편물을 통과할 때에는 공간이 큰 위치는 통과하지 않습니다. 반드시 실을 갈라 들어가거나 겹치는 부분을 통과시켜주어야 꽃잎의 위치가 이동하지 않습니다.

4 안쪽에 있는 바늘이 꽃의 중심으로 다시 나옵니다.

5 아래쪽에 만들어둔 꽃잎의 고리 사이로 바늘을 통과시킵니다. 이때 꽃잎을 이루는 실이 꼬이지 않도록 주의합니다.

6 다시 중심으로 바늘이 들어갑니다.

7 8개 중 두 번째 꽃잎의 끝으로 나옵니다.

8 다시 0.5cm 뒤로 들어가 고리를 만들고 중심으로 나옵니다.

9 만들어놓은 두 번째 꽃잎의 고리를 통과한 후 다시 중심으로 들어갑니다.

10 같은 방법으로 세 번째 꽃잎의 고리를 만들고 통과시켜 꽃잎을 완성시킵니다.

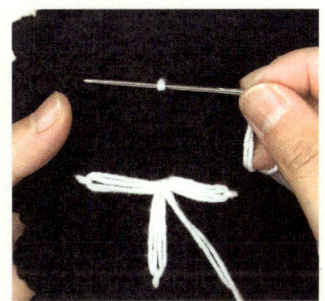

11 같은 방법으로 5개의 꽃잎을 더 만들어줍니다.

12 꽃잎이 다 만들어지면 바늘을 중심으로 통과해 안쪽 면으로 보냅니다.

13 8개의 꽃잎이 완성되었습니다.

14 처음 시작할 때 남겨두었던 실과 남아 있는 실 두 가닥을 묶어줍니다.

15 실을 묶을 때는 너무 세지 않게 장력을 꽃잎 사이즈에 맞추어 조절해줍니다.

16 한번 더 묶어줍니다.

17 남아 있는 실에 돗바늘을 끼워 다시 중심 위에 올라갑니다.

18 겉면에서 꽃의 술을 만들어줍니다. 사진에 보이는 방향으로 바늘에 네 바퀴를 감아줍니다.

19 꽃의 중심으로 다시 들어갑니다.

20 술이 완성되었습니다.

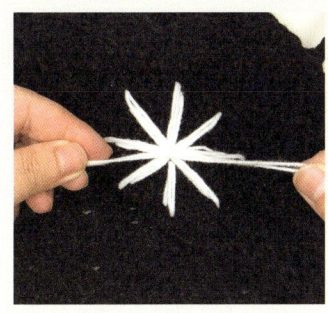  

21 안쪽 면에서 남아 있는 실을 서로 두 번 묶어줍니다.

22 실을 숨길 수 있는 공간이 없으므로 매듭을 잘 묶은 후 남은 실을 짧게 잘라줍니다.

23 꽃 자수가 완성되었습니다. 자수를 놓아야 하는 위치를 확인하여 총 6개의 꽃 자수를 만들어주세요.

P U N C H I N G
B O N N E T

펀칭 보넷

구멍이 송송 뚫린 펀칭 보넷은 얼굴 라인을 따라 만든 물결 무늬 덕분에 아이의 청순함을 더욱 돋보이게 해주는 작품입니다. 마즈쿠리가 처음 만들었던 보넷으로 개인적으로 의미가 있는 작품이며, 가장 기본이 되는 디자인입니다.

펀칭 보넷 뜨기

사이즈 스몰(1~3y), 미디움(3~5y) **사용실** 동화 2볼(2겹 사용)
사용바늘 모사용 코바늘 7/0호(미디움 사이즈 6/0호)

만드는 방법
1 실을 2겹으로 겹쳐 뜹니다. 2 매직링으로 시작해 도안에 제시된 기호에 따라 원형의 뒤통수 부분을 만들어줍니다. 3 원형뜨기가 끝나면 다음 단에서 마지막 5(7)코를 남기고 되돌아뜹니다. 이때 얼굴이 닿는 평면뜨기 부분이 시작됩니다. 4 총 9(11)단의 평면뜨기가 끝나면 기호에 따라 물결무늬를 만들어준 후 뒷목 아래쪽에 테두리를 둘러줍니다. 5 테두리가 끝나면 실을 끊지 않은 상태에서 이중사슬코 50코를 만들어 끈을 완성합니다. 반대편은 새로 실을 연결하여 같은 방법으로 끈을 만들어줍니다.

사이즈

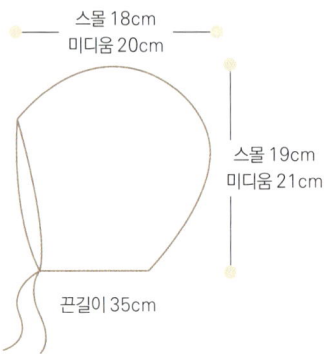

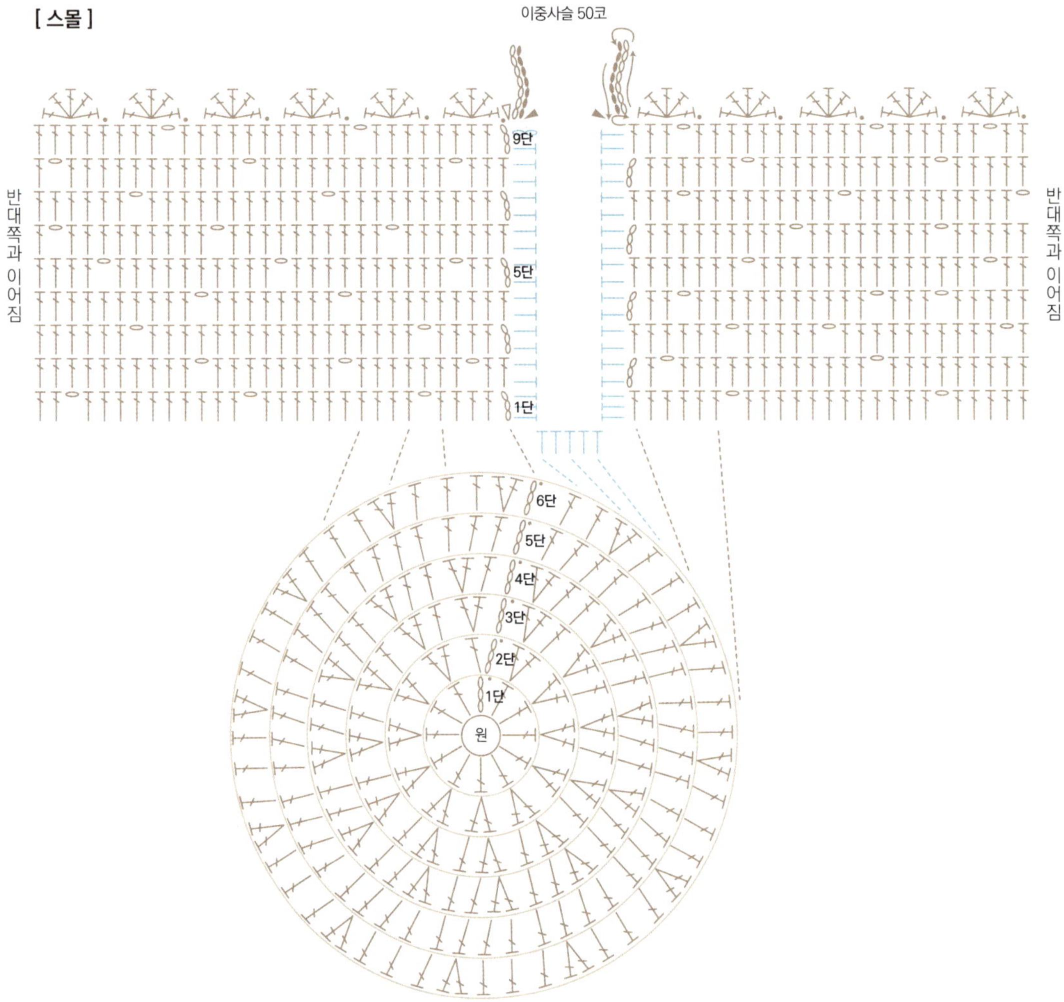

[미디움]

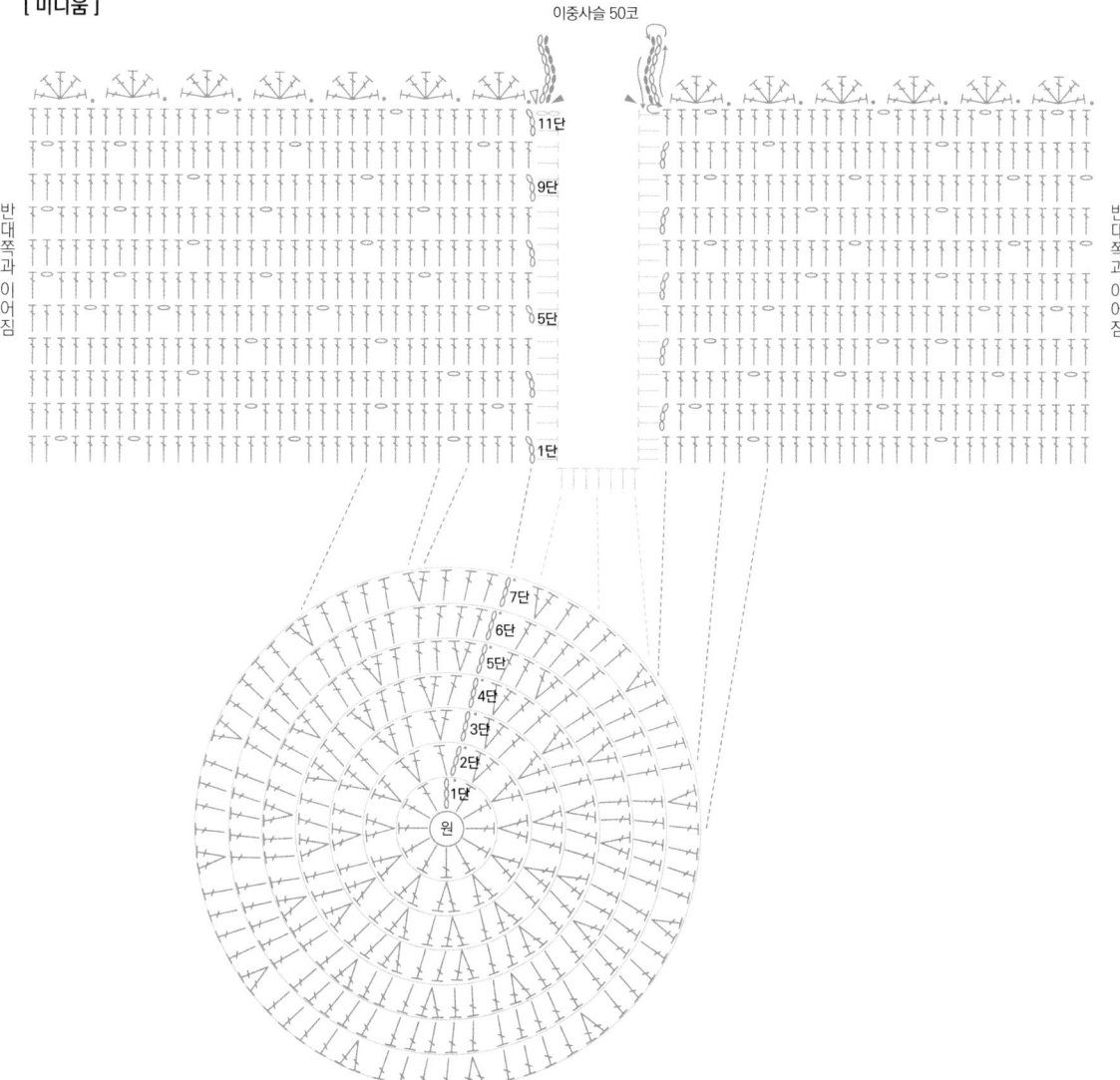

DANDELION
BONNET

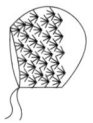

단델리온 보넷

작품의 무늬가 마치 활짝 핀 민들레꽃을 연상케 합니다. 고급스러운 디자인을 완성하기 위해 무늬에 대해 많이 고민했던 기억이 떠오릅니다. 단델리온 보넷은 남아보다는 여아에게 추천하며 심플한 원피스 코디에 매치하기 좋습니다.

단델리온 보넷 뜨기

사이즈 스몰(1~2Y), 미디움(3~4Y)　**사용실** 동화 2볼(2겹 사용)
사용바늘 모사용 코바늘 7/0호(미디움 사이즈 6/0호 사용)

만드는 방법

1 실을 2겹으로 겹쳐 뜹니다. **2** 매직링으로 시작해 도안에 제시된 기호에 따라 원형의 뒤통수 부분을 만들어줍니다. **3** 원형뜨기가 끝나면 다음 단은 기호에 따라 무늬를 만드는 평단입니다. 1단에서 5코를 남기고 되돌아 뜹니다. **4** 총 8(10)단의 평면뜨기가 끝나면 뒷목 아래쪽의 테두리를 둘러줍니다. **5** 테두리가 끝나면 실을 끊지 않은 상태에서 이중사슬코 50코를 만들어 끈을 완성합니다. 반대편은 새로 실을 연결하여 같은 방법으로 끈을 만들어줍니다.

사이즈

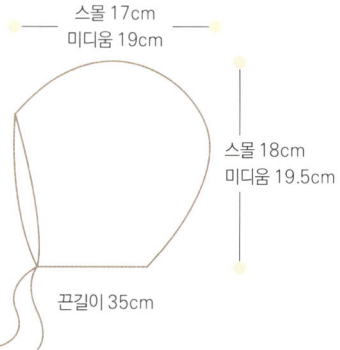

스몰 17cm / 미디움 19cm
스몰 18cm / 미디움 19.5cm
끈길이 35cm

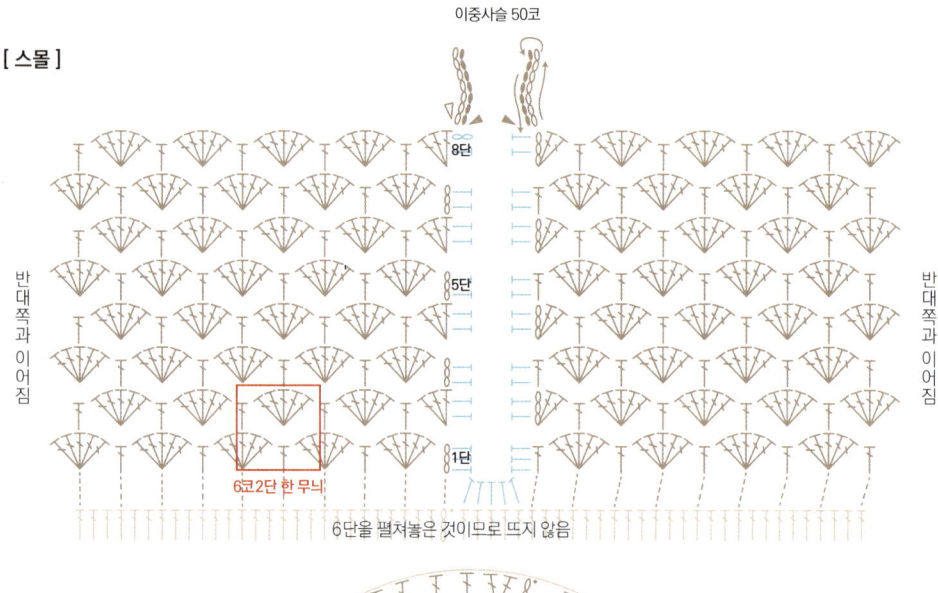

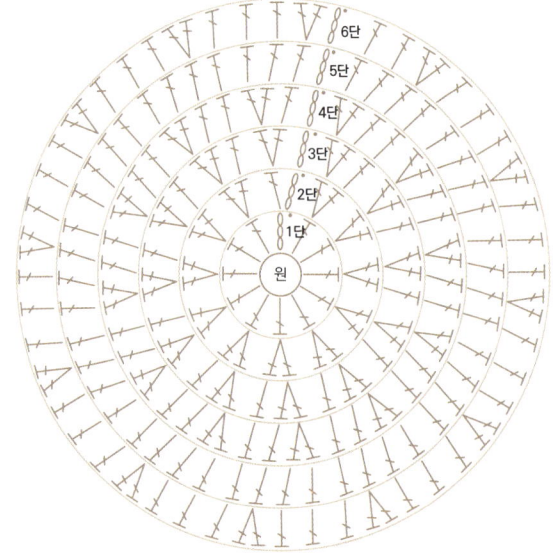

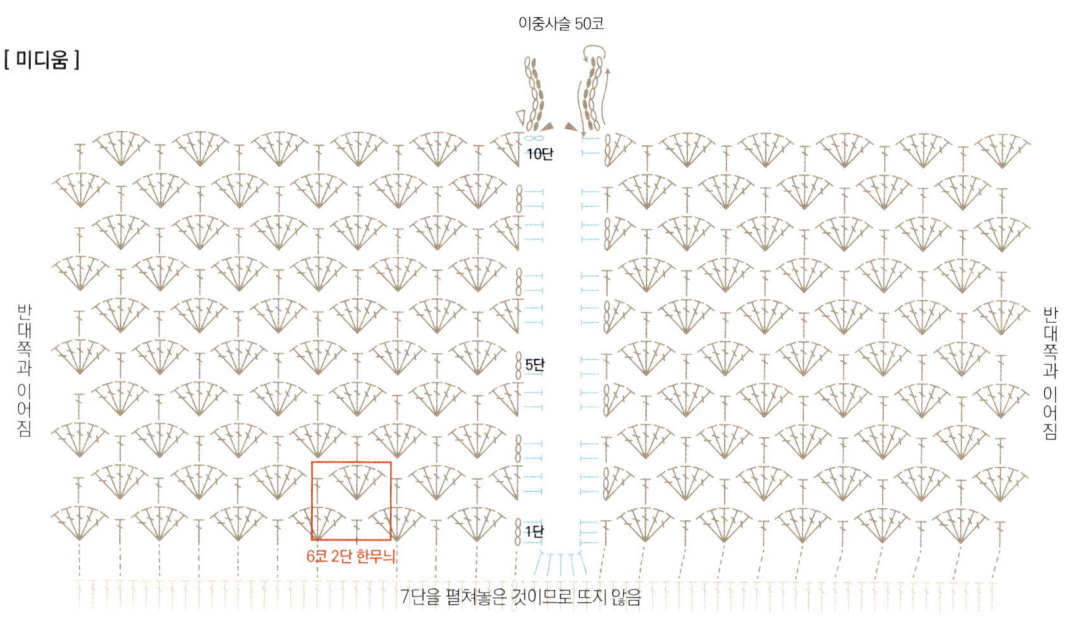

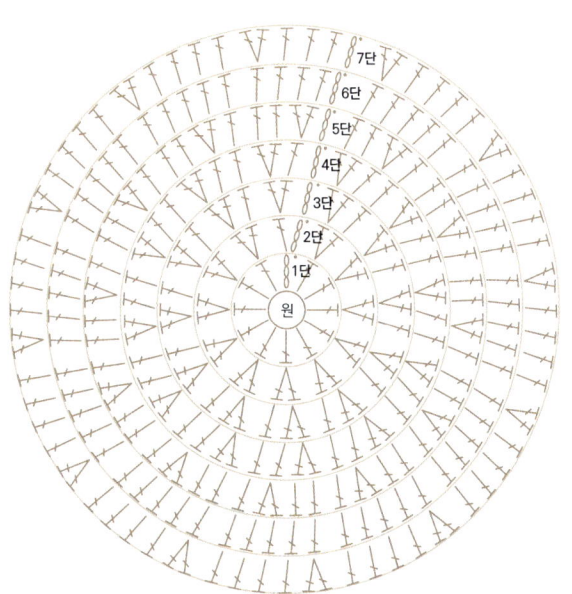

BIB

턱받이

보넷과 세트로 매치하기 좋은 턱받이입니다. 앞뒷면을 번갈아 뜨는 평면뜨기 위주라 베이직 보넷을 뜨는 방식과는 조금 다릅니다. 턱받이의 테두리를 귀엽게 마무리한 피코뜨기는 간단하면서도 심플한 디자인에 포인트가 되어줍니다. 다양한 소재의 실을 활용해 사이즈와 분위기를 다채롭게 연출할 수 있습니다.

턱받이 뜨기

사이즈 1~4y **사용실** 동화 1볼(2겹사용)
사용바늘 모사용 코바늘 7/0호

만드는 방법
1 사슬 기초코 20코를 만들어줍니다. 양쪽에서 1코씩 늘려가며 한길긴뜨기 3단을 뜹니다. 2 6단은 증감없이 뜹니다. 3 10단에서 도안을 따라 넥 라인을 만들어줍니다. 4 실을 끊지 않고 이중사슬 50코를 만들고, 바로 이어 짧은뜨기-피콧뜨기를 반복하며 테두리를 떠줍니다. 5 반대편도 이중사슬 50코를 만든 뒤 몸판에 빼뜨기하여 마무리합니다.

사이즈

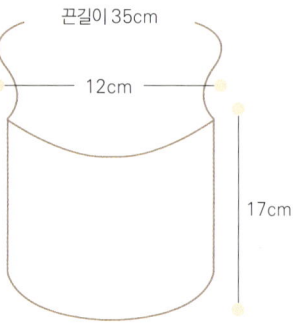

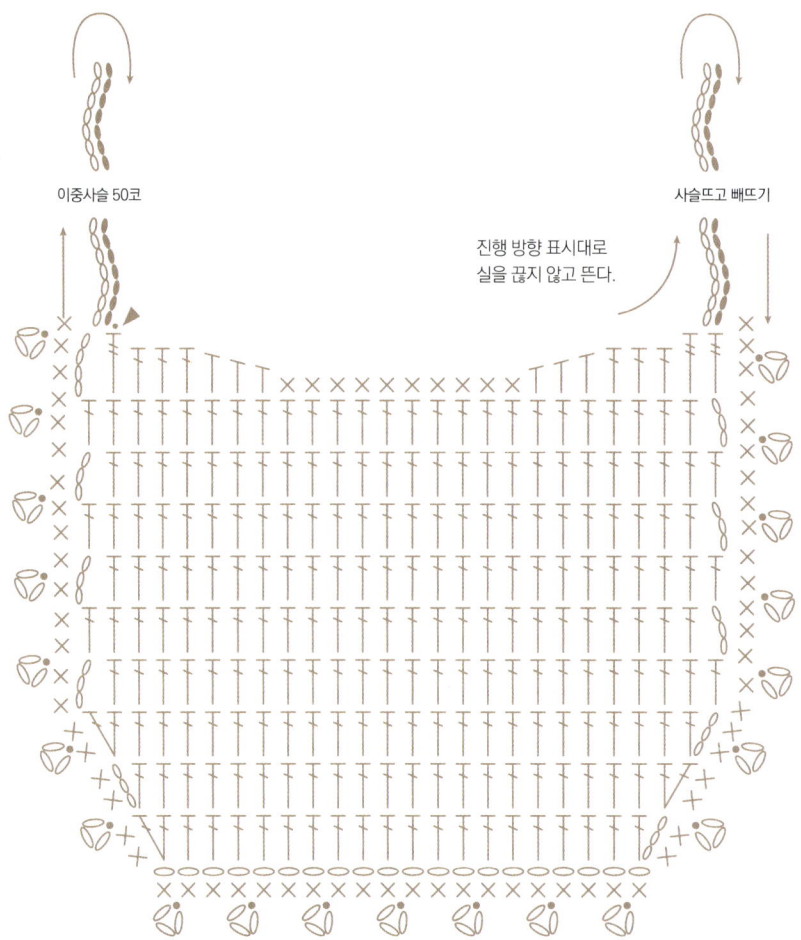

POPCORN
BONNET

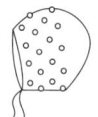

팝콘 보넷

동글동글 귀여운 팝콘 무늬가 인상적인 보넷입니다. 일정한 간격으로 들어간 팝콘 무늬가 아이들의 통통 튀는 귀여움을 잘 표현해줍니다. 편물에 빈 공간이 없어 겨울철 보온용으로도 좋으며, 아이의 동그란 두상을 더욱 돋보이게 합니다. 바라보기만 해도 미소가 절로 지어지는 작품입니다.

팝콘 보넷 뜨기

사이즈 스몰(1~3y), 미디움(3~5y) **사용실** 동화 2볼(2겹 사용)
사용바늘 모사용 코바늘 7/0호(미디움 사이즈 6/0호)

만드는 방법

1 실을 2겹으로 겹쳐 뜹니다. 2 매직링으로 시작해 도안에 제시된 기호에 따라 원형의 뒤통수 부분을 만들어줍니다. 3 원형뜨기가 끝나면 다음 단은 기호에 따라 무늬를 만드는 평단입니다. 1단에서 마지막 5(7)코를 남기고 되돌아뜹니다. 4 총 10(12)단의 평면뜨기가 끝나면 뒷목 아래쪽에 테두리를 둘러줍니다. 5 테두리가 끝나면 실을 끊지 않은 상태에서 이중사슬코 50코를 만들어 끈을 완성합니다. 반대편은 새로 실을 연결하여 같은 방법으로 끈을 만들어줍니다.

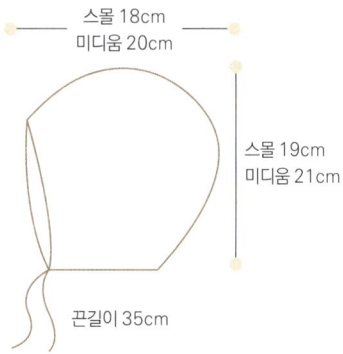

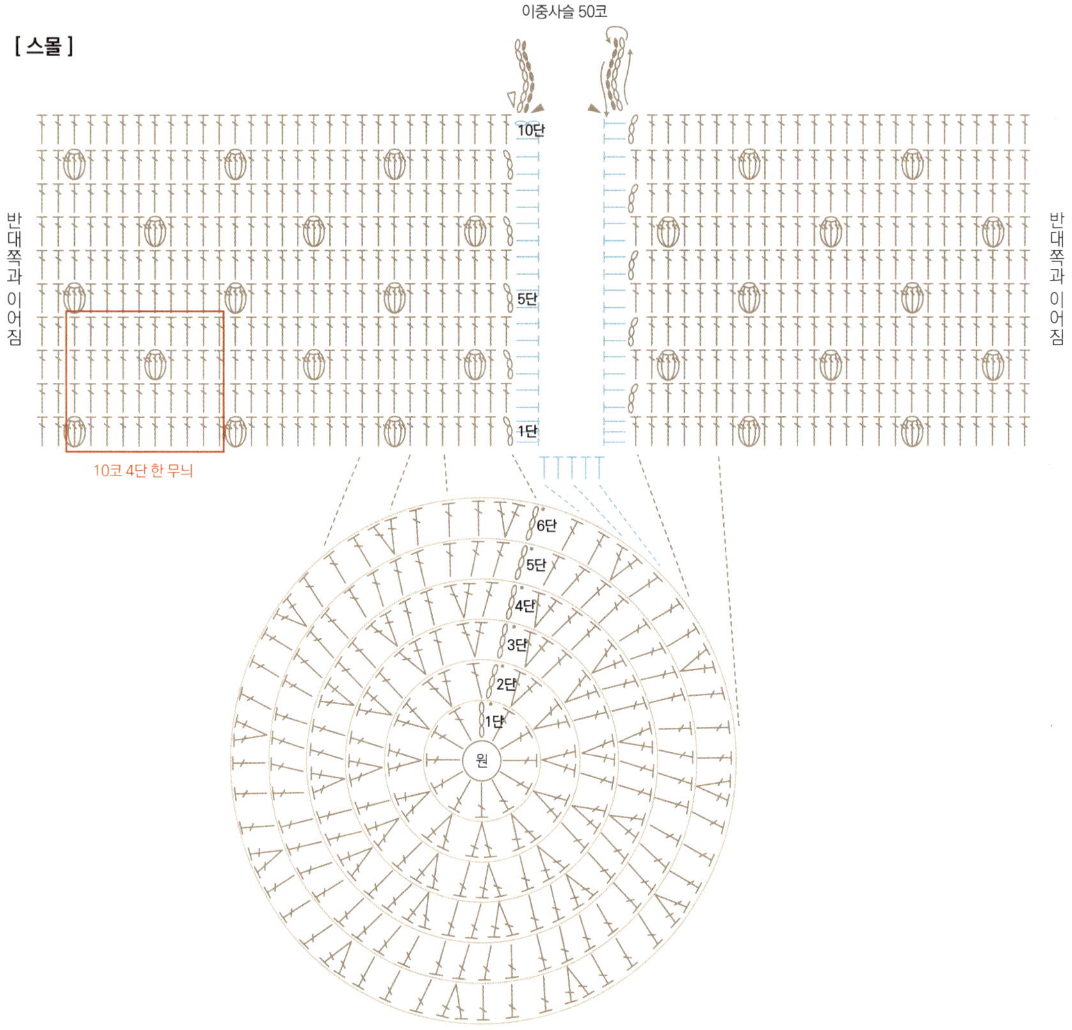

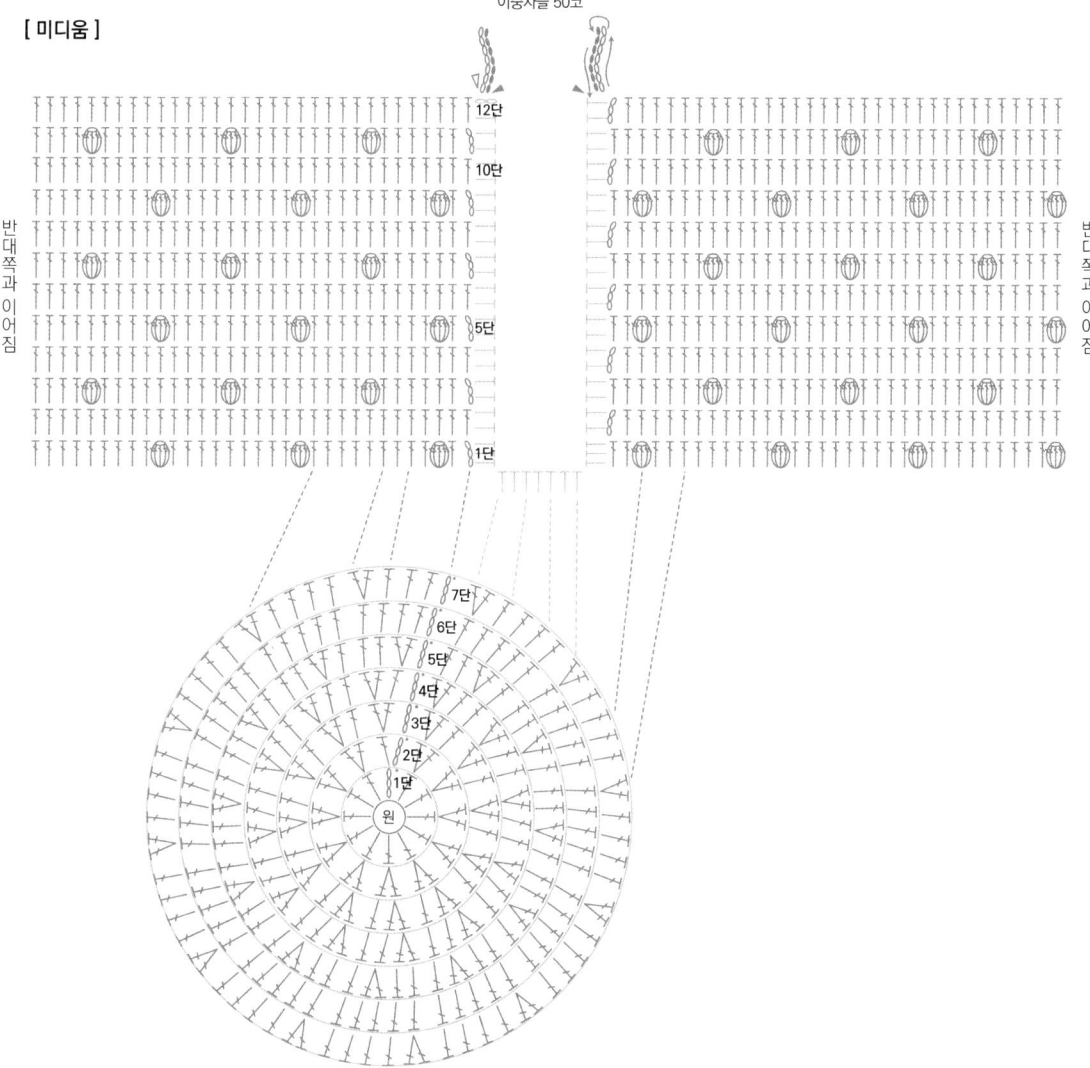

D O T
B O N N E T

도트 보넷

뒤통수부터 일정하게 늘어나는 구슬뜨기 무늬를 만들어볼 수 있습니다. 구슬뜨기 무늬가 원형으로 늘어날 때 어떤 규칙을 통해 콧수가 증가하는지 알아볼 수 있어요. 단정한 느낌의 단추 여밈이 깔끔한 느낌을 더해줍니다. 원한다면 단추는 끈으로 바꾸어 떠도 상관없어요.

도트 보넷 뜨기

사이즈 스몰(1~3y), 미디움(3~5y)　**사용실** 동화 2볼
사용바늘 모사용 코바늘 5/0호

만드는 방법
1 매직링을 만들어 구슬뜨기 1코, 사슬 2코를 6회 반복해 떠줍니다.　2 7(8)단까지 도안대로 코를 늘려 뒤통수 부분을 만들어줍니다.　3 얼굴 앞쪽은 평면뜨기로 총 10(11)단을 떠줍니다.　4 평면뜨기가 끝나면 실을 끊지 않고 짧은뜨기로 테두리를 둘러줍니다. 이때 코에서는 한 코에 1코씩, 단에서는 한 단에 2코씩 코를 줍습니다.　5 턱 끈은 별도로 만들어 얼굴 앞쪽 모서리 부분에 박음질하여 연결해줍니다. 반대편 모서리에 원하는 단추를 달아줍니다.

사이즈

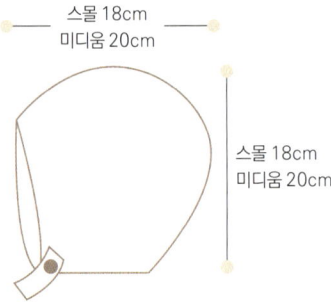

[스몰]

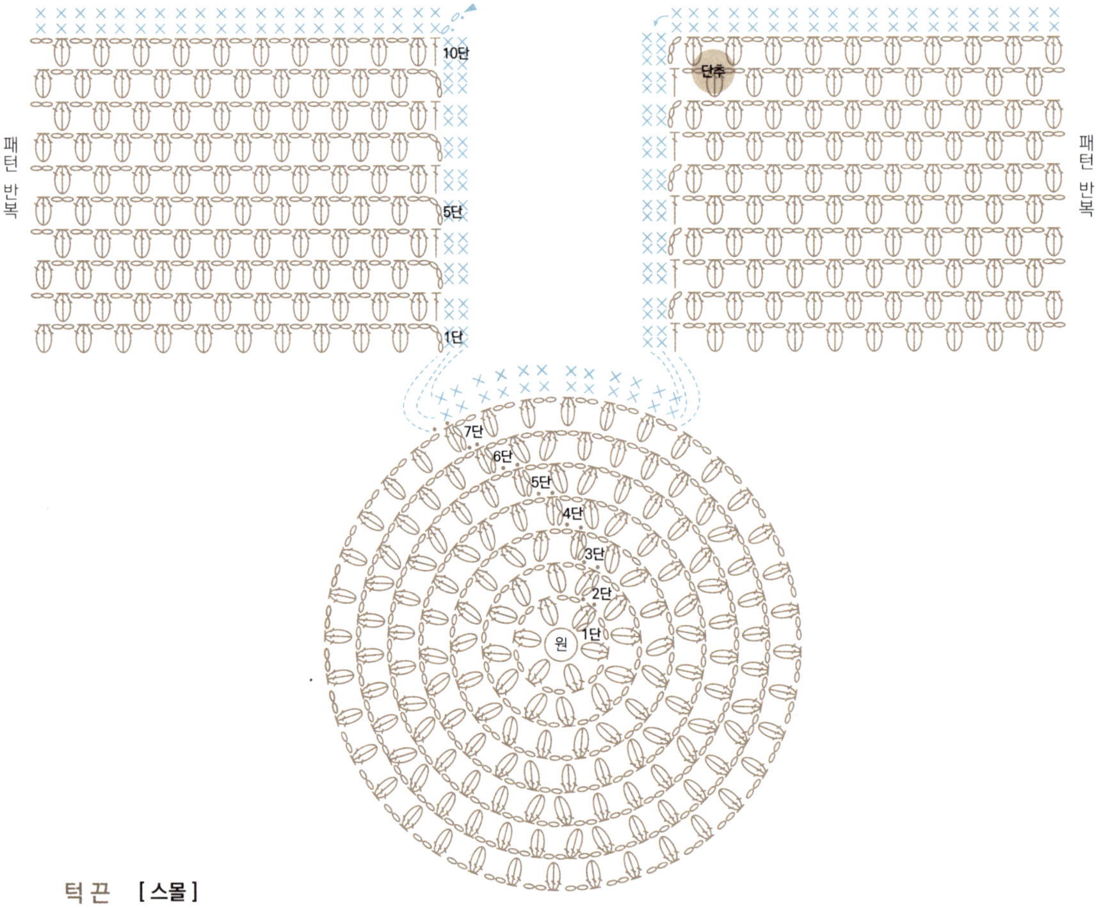

턱 끈 [스몰]

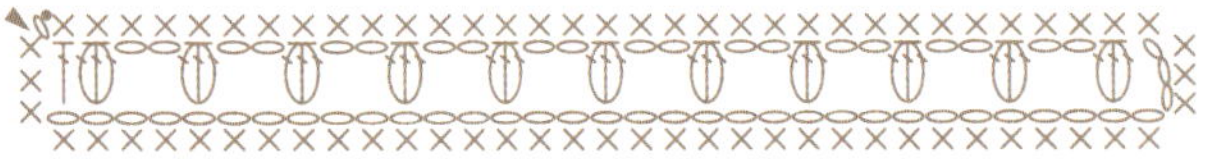

33코

[미디움]

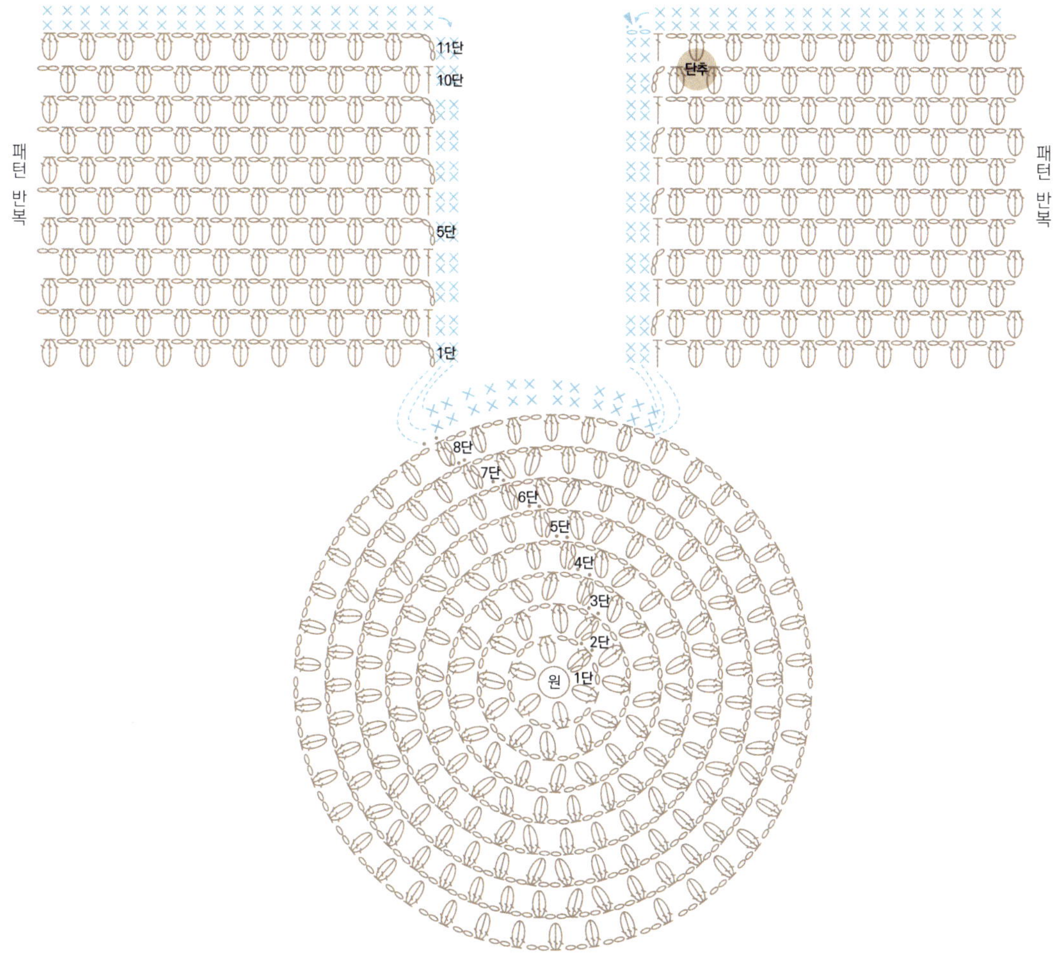

턱 끈 [미디움]

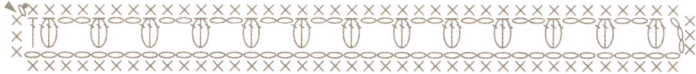

39코

EMBROIDERY
BONNET

자수 보넷

마즈쿠리의 대표적인 디자인인 자수 보넷입니다. 검정색 기본 보넷 위에 새하얀 자수를 놓아 고급스러움이 더해진 작품입니다. 어두운 색의 보넷이 아이들에게는 어울리지 않을거란 걱정이 무색할 정도로 수많은 아이들의 멋진 후기가 넘쳐난답니다. 특별한 날을 위한 보넷으로 추천합니다.

자수 보넷 뜨기

사용실 동화 2볼(2겹사용), 자수용실 약 20g
사용바늘 모사용 코바늘 7/0호(미디움 사이즈 6/0호)
사이즈 스몰(1~3y), 미디움(3~5y)

만드는 방법
1 실을 2겹으로 겹쳐 뜹니다. 2 매직링으로 시작해 도안에 제시된 기호에 따라 원형의 뒤통수 부분을 만들어줍니다. 3 원형뜨기가 끝나면 다음 단에서 마지막 5(7)코를 남기고 되돌아뜹니다. 4 총 9(11)단의 평면뜨기가 끝나면 기호에 따라 물결무늬를 만든 후 뒷목 아래쪽에 테두리를 둘러줍니다. 5 테두리가 끝나면 실을 끊지 않은 상태에서 이중사슬코 50코를 만들어 끈을 완성합니다. 반대편은 새로 실을 연결하여 같은 방법으로 끈을 만들어 줍니다. 6 완성된 보넷 위에 자수용실(2겹)을 사용해 6개의 꽃모양 자수를 놓습니다.

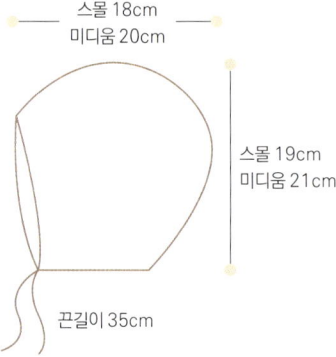

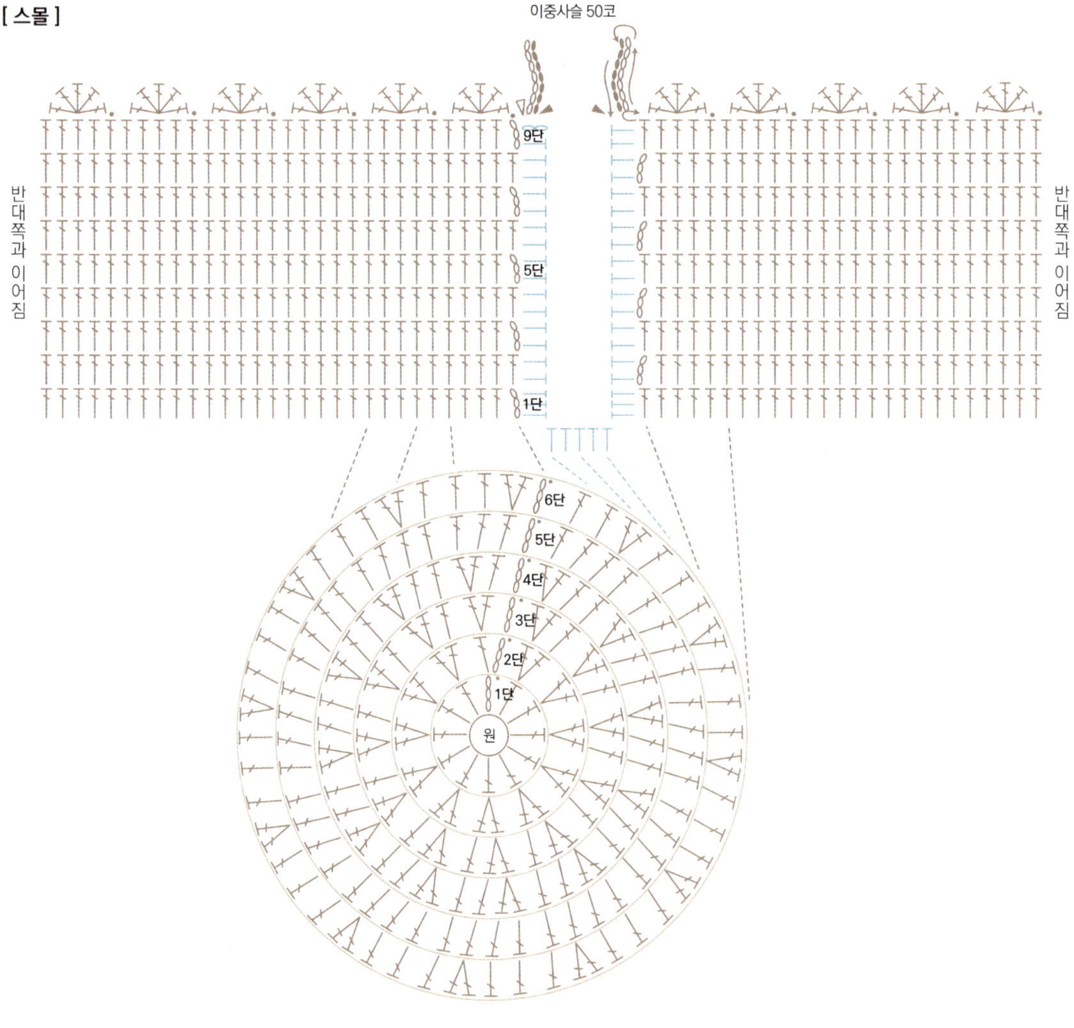

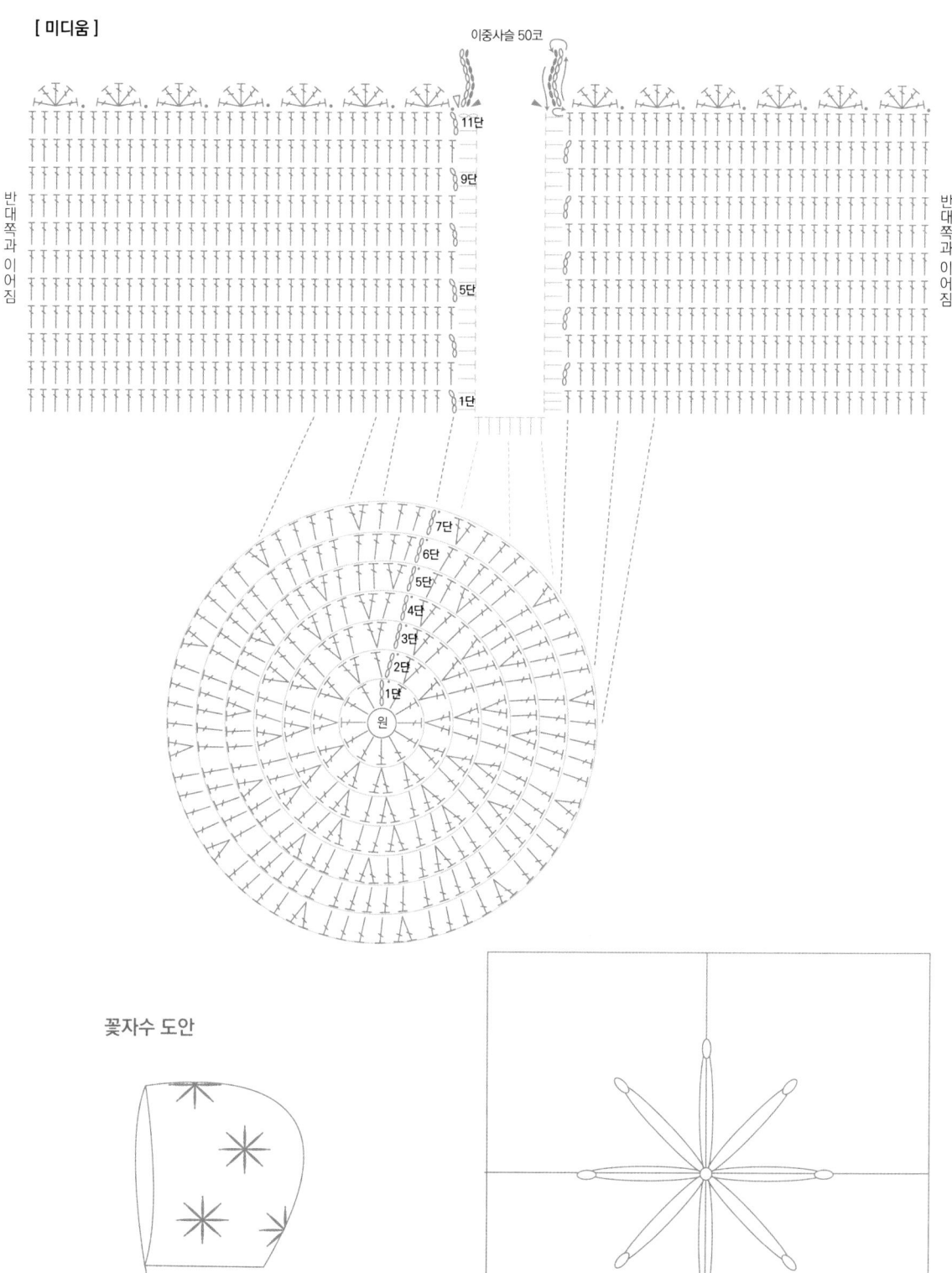

꽃자수 도안

총 6개의 꽃자수가 들어갑니다.
위 그림의 위치를 확인해 자수를
놓아주세요.

RUFFLE LAYERED
VEST

러플 레이어드 베스트

기본기를 다 익혔다면 조금 더 큰 작품을 떠보는 것도 좋습니다. 러플 레이어드 베스트는 앞뒷면을 따로 떠서 연결했고, 테두리와 끈까지 정성이 들어가지 않은 곳이 없습니다. 코바늘 의류를 만들어보고 싶다면 작은 사이즈의 베스트로 시작해보는 것도 좋습니다. 간절기 원피스나 티셔츠 위에 예쁘게 레이어드 해주세요.

러플 레이어드 베스트 뜨기

사이즈 스몰(3~4y), 미디움(5~6y)
사용실 동화(2겹 사용), 몸판 2(3)볼, 테두리 각 1볼
사용바늘 모사용 코바늘 6/0호
게이지 9단 16코(10x10cm)

만드는 방법
1 실을 2겹으로 겹쳐 원하는 사이즈의 기초코를 만들어줍니다. 2 몸판은 앞뒤로 총 2장을 뜨며, 앞판과 뒤판의 어깨 부분은 도안을 참고하여 떠줍니다. 3 앞판과 뒤판 편물의 겉면을 마주하여 어깨를 연결합니다. 4 왼쪽 어깨부터 테두리 코를 줍기 시작합니다. 1단은 짧은뜨기로 코를 주워주고 2단에서 물결무늬를 만들어줍니다. 5. 테두리가 끝나면 앞판과 뒤판에 모두 끈을 달아줍니다. 끈은 편물의 12(13)번째 단 안쪽에 이중사슬코 70코로 만들어줍니다.

몸판 스몰(미디움) 순서로 단수와 콧수를 읽는다.

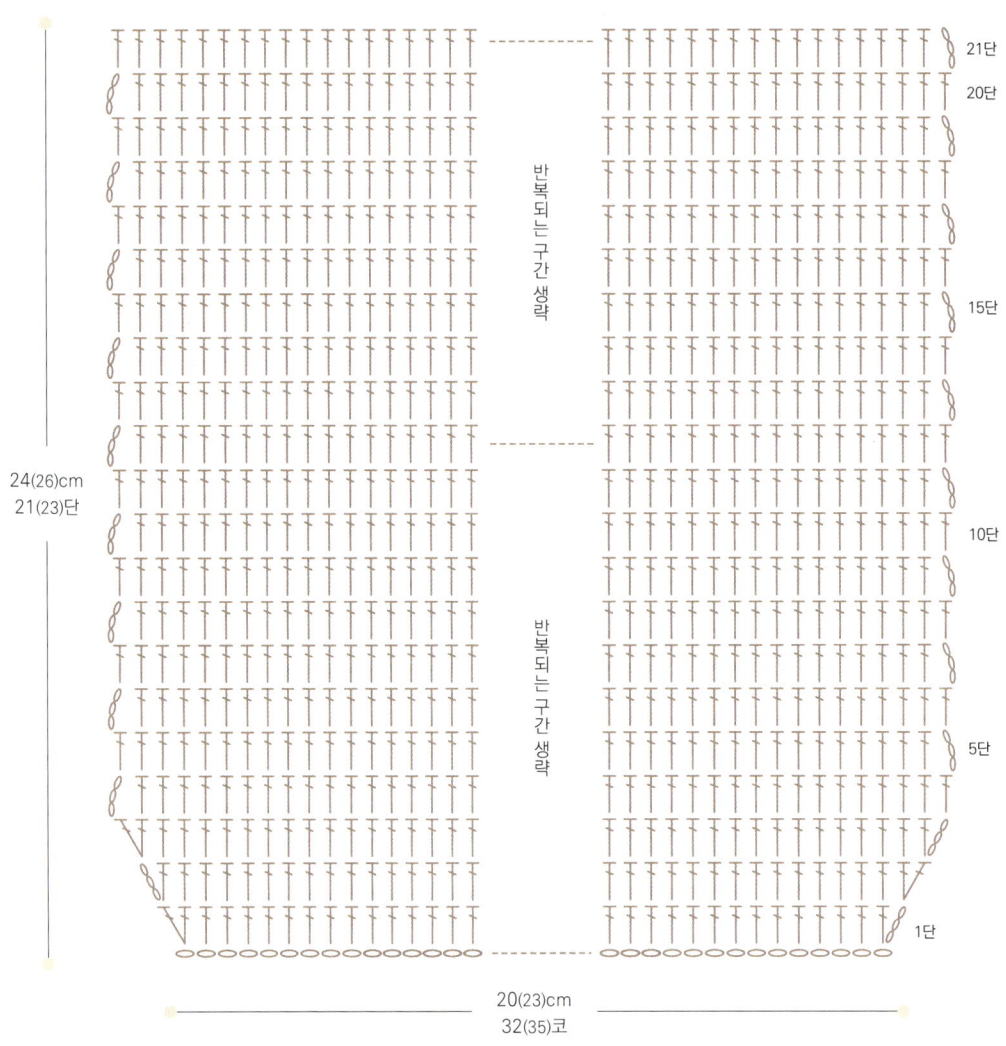

앞판 어깨

[스몰]

[미디움]

뒤판 어깨

[스몰]

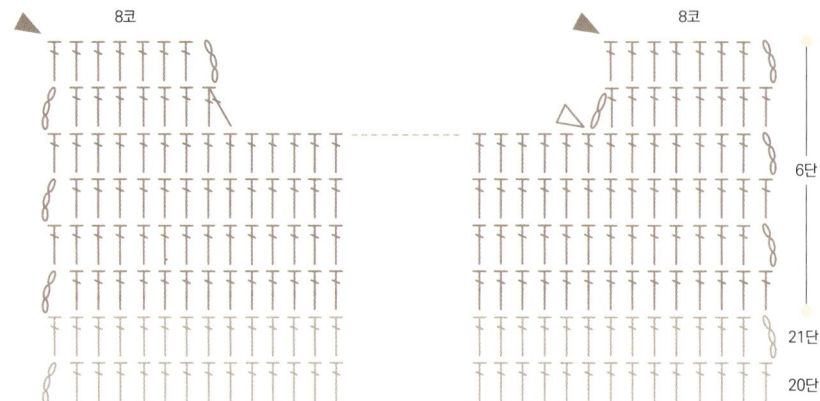

[미디움]

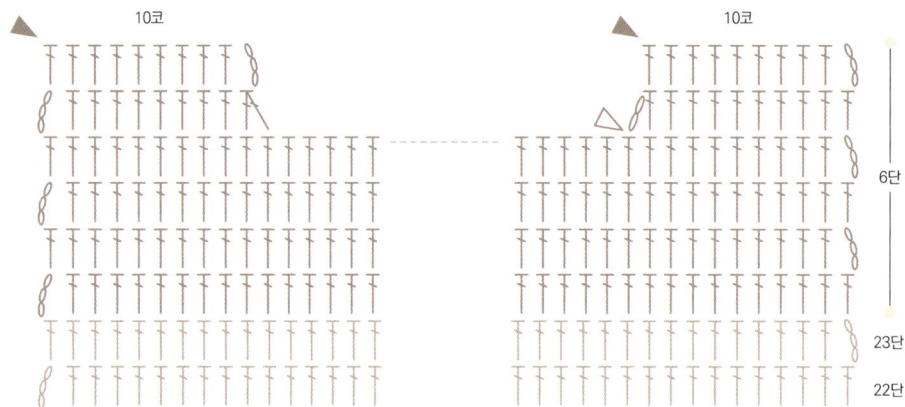

어깨연결하기

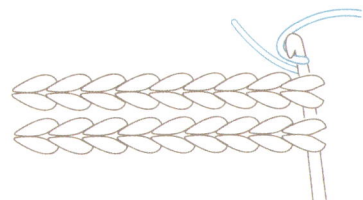

연결 방법 앞판과 뒤판이 모두 완성되었으면, 겉끼리 마주대고 어깨선을 빼뜨기로 연결해줍니다.

테두리뜨기

1 먼저 전체 테두리 코를 줍습니다. 왼쪽 어깨부터 코를 주워 짧은뜨기를 떠주는데 두 단에 5코, 몸판의 아래 대각선 부분에서는 세 단에 5코를 줍습니다. 2 기초코 위치에서는 5의 배수로 코를 주워야 하므로 30(35)코를 주워줍니다. 3 2단은 아래 도안을 참고해 물결 무늬를 떠주세요.

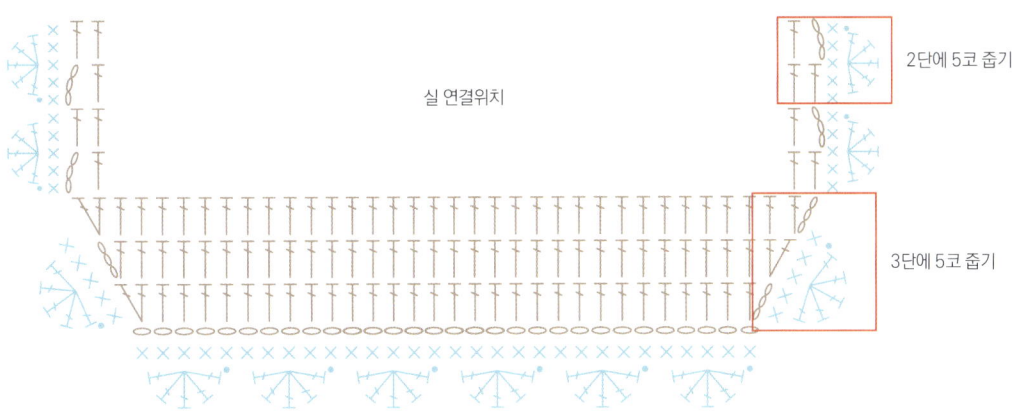

끈 달기

1 앞 뒤판 양쪽 겨드랑이 아래에 실을 연결해 끈을 만들어줍니다. 2 끈은 이중사슬뜨기 기법을 사용해 아래에서 12(13)번째 단의 안쪽에 만듭니다 (이중사슬코 70코). 3 실을 연결할 때는 사진과 같이 두 가닥의 실에 바늘을 넣어 연결해주세요.

RUFFLE NECK
COLLAR

러플 넥 칼라

러플 넥 칼라는 밋밋한 니트나 원피스에 착용해주면 포인트로 귀여운 코디가 완성됩니다. 짧은뜨기를 연습하면서 넥 칼라가 어떻게 완성되는지 공부할 수 있는 작품입니다. 보넷을 뜨고 남은 실을 활용해도 좋고, 조금 다른 텍스처의 특수사를 사용해 테두리를 둘러줘도 귀여워요!

러플 넥 칼라 뜨기

사이즈 1~6y 모두 가능 **사용실** 동화 바탕실 1볼, 테두리실 1볼(2겹 사용)
사용바늘 모사용 코바늘 7/0호

만드는 방법
1 바탕실 컬러로 본판이 되는 부분을 도안대로 뜬 뒤 실을 끊습니다.
2 칼라의 시작점에서 테두리의 실을 새로 연결해 칼라의 바깥쪽 테두리를 떠줍니다. 3 짧은뜨기로 정해진 콧수만큼 뜬 후 2단은 5코 1무늬로 테두리 무늬를 떠줍니다. 4 테두리가 완성되면 바탕실 색으로 바꾸어 칼라 앞쪽에 이중사슬코 60코를 떠 끈을 만들어줍니다.

사이즈

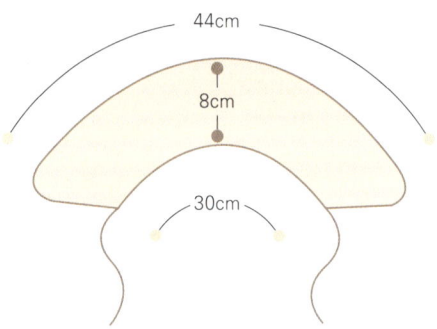

테두리

테두리의 1단은 아래 도안에 짧은뜨기 위치를 보고 뜬다.
짧은뜨기의 개수는 총 90코이다.

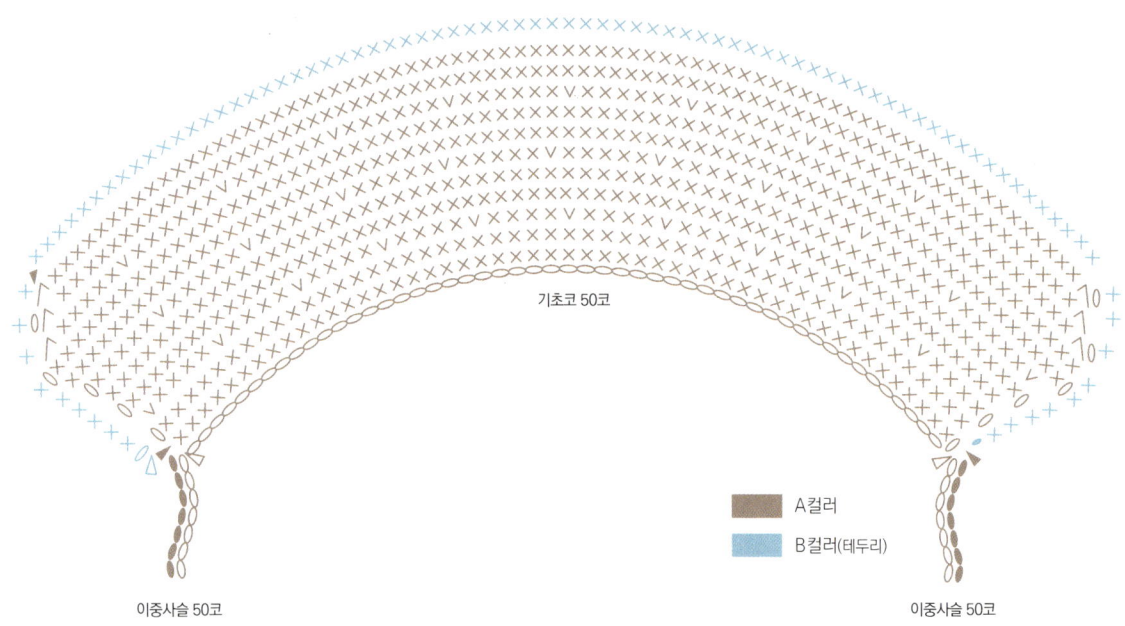

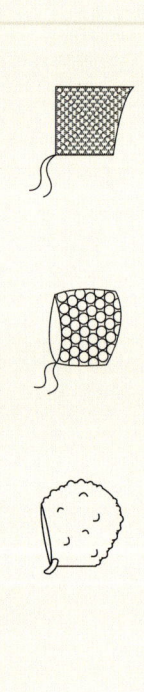

Part 3

LEVEL UP
사랑스러운 인기 보넷과 소품들

GRANNY FAIRY BONNET
그래니 페어리 보넷

how to make: 102page
yarn: 동화 2겹

BUBBLE BONNET
버블 보넷

how to make: 106page
yarn: 알파카 브랜드 청키

BRIM BONNET
브림 보넷

how to make: 110page
yarn: 알파카 브랜드 청키

BOUCLE BONNET
부클 보넷

how to make: 116page
yarn: 하나마카 루프, 동화

BOUCLE LEG WARMER
부클 레그 워머

how to make: 120page
yarn: 하마나카 루프, 동화

BOUCLE MITTEN
부클 미튼

how to make: 124page
yarn: 소노모노 루프, 동화

BOUCLE MASK
부클 마스크

how to make: 128page
yarn: 소노모노 루프, 동화

작품에 필요한 기법 다지기

○ 걸어뜨기 고무단

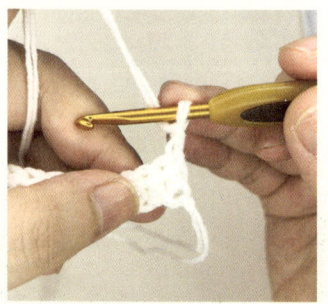

1 1단은 걸어뜨기 없이 모두 긴뜨기로 떠줍니다. 2단의 기둥코 사슬 2코를 만들어줍니다.

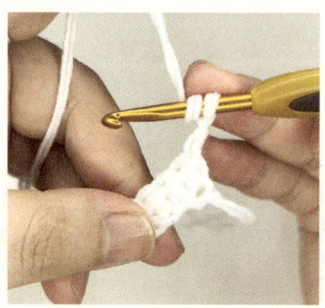

2 바늘에 실을 감아줍니다.

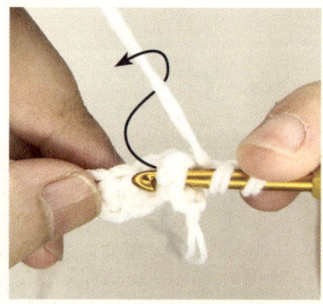

3 두 번째 코의 긴뜨기 몸통을 앞쪽에서 사진과 같이 통과합니다(앞 걸어뜨기).

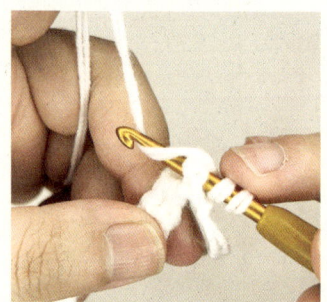

4 왼손 검지에 걸려 있는 실을 바늘에 감아가지고 나옵니다.

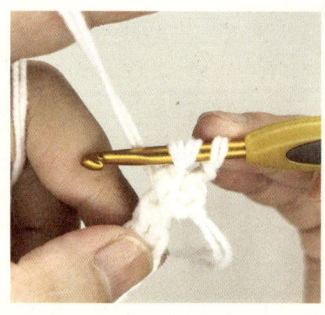

5 바늘에 세 가닥의 실이 걸렸습니다.

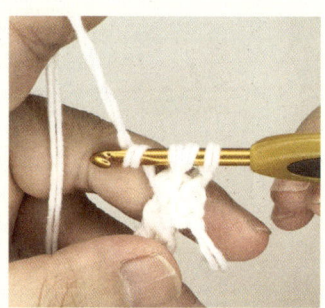

6 바늘에 실을 감아 걸려 있는 세 가닥의 실을 모두 통과해 나옵니다(긴뜨기).

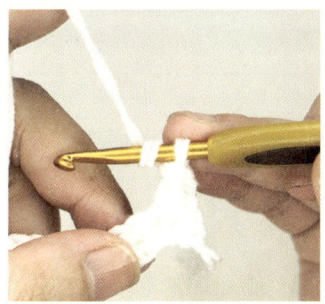

7 다시 바늘에 실을 감습니다.

8 이번에는 1단 긴뜨기의 몸통 뒤쪽에서 사진과 같이 통과합니다(뒤 걸어뜨기).

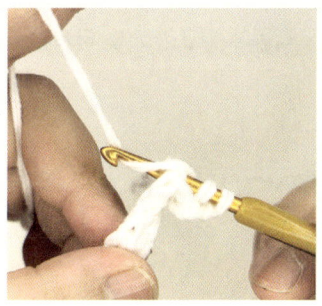

9 바늘에 실을 감아 나옵니다.

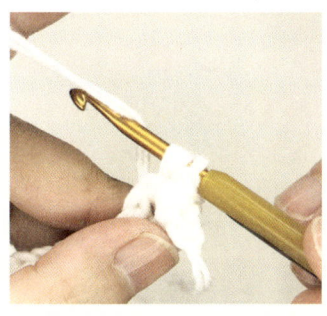

10 바늘에 세 가닥의 실이 걸리면 바늘에 실을 감아 모두 통과합니다.

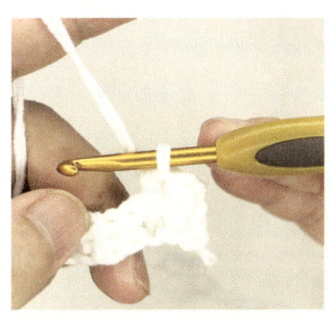

11 2단의 세 번째 코까지 완성되었습니다. 앞 걸어뜨기, 뒤 걸어뜨기를 반복하며 끝코 앞까지 떠줍니다.

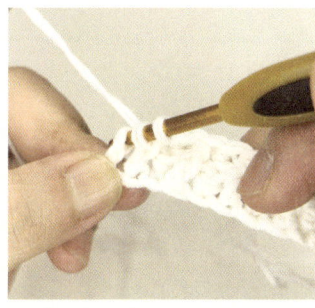

12 마지막 끝코는 한길긴뜨기 평면뜨기와 동일합니다. 1단 기둥코의 사슬코 뒷면에서 두 번째 사슬의 사슬반코와 콧등코를 바늘에 걸어줍니다.

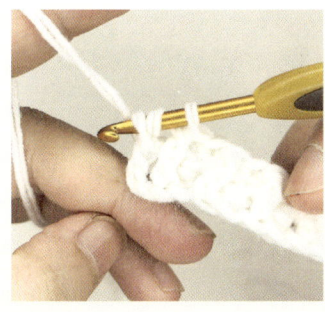

13 실을 감아 가지고 나와 긴뜨기를 떠줍니다.

14 2단이 완성되었습니다.

15 3단의 기둥코 사슬 2코를 만든 후 편물을 뒤쪽으로 돌려줍니다.

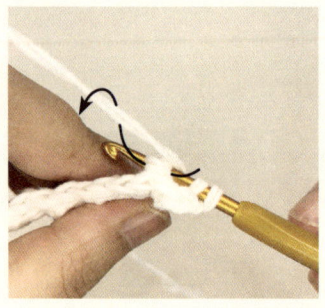
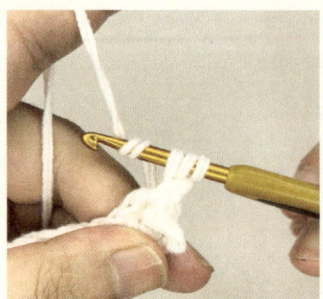
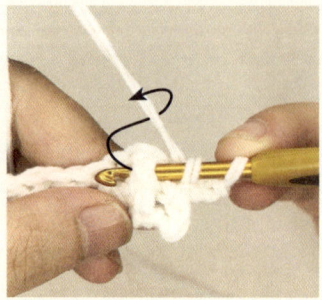

16 2단에서 앞 걸어뜨기를 했던 코는 3단에서 뒤 걸어뜨기를 해주어야 같은 모양이 됩니다.

17 뒤 걸어뜨기 긴뜨기를 떠줍니다.

18 2단에서 뒤 걸어뜨기를 했던 코는 3단에서 앞 걸어뜨기로 떠줍니다.

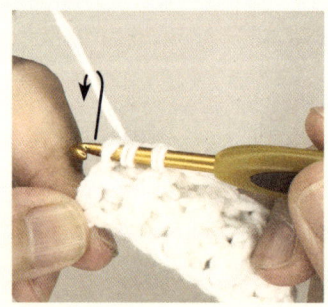

19 긴뜨기를 떠줍니다.

20 3단의 끝까지 반복합니다.

21 끝코를 한길긴뜨기 평면뜨기와 동일하게 뜨면 3단이 완성됩니다. 위의 방법을 반복해 걸어뜨기 고무단을 완성해줍니다.

○ 빼뜨기 연결 방법

1 편물의 겉과 겉을 마주댑니다.

2 위 브이자 코 모양에 바늘을 넣어 연결할 실을 감아 나옵니다(연결하는 위치가 잘 보이게 설명하기 위해 다른 색 실을 사용했습니다).

3 연결하는 실이 바늘에 걸렸습니다.

4 왼손 검지에 걸려 있는 실을 감아서 고리를 통과합니다.

5 다음 코에 바늘을 넣습니다.

6 실을 감아 나와 빼뜨기를 합니다.

7 같은 방법으로 모든 코에 빼뜨기를 해 줍니다.

8 겉면에서 바라본 모습입니다. 실제 작품에서는 바탕과 같은 색 실을 사용하므로 연결한 부위가 거의 보이지 않습니다.

GRANNY FAIRY
BONNET

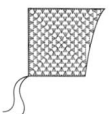

그래니 페어리 보넷

그래니 스퀘어를 응용한 보넷입니다. 멜빵바지 차림의 귀여운 아이를 상상하며 만든
그래니 페어리 보넷은 뾰족하게 빠지는 뒤통수가 사랑스러운 요정을 연상케 합니다.
2장의 편물을 정성스럽게 연결하고 걸어뜨기를 이용한 고무단을 만들어보아요.

그래니 페어리 보넷 뜨기

사이즈 스몰(1~3y), 미디움(3~5y) **사용실** 동화 2볼(2겹 사용)
사용바늘 모사용 코바늘 7/0호(미디움 사이즈 6/0호)

만드는 방법

1 도안을 참고하여 변형된 그래니 스퀘어 모티브 2장을 떠줍니다. 2 각 장을 겉끼리 마주하여 아래 빨간선을 따라 빼뜨기로 연결해줍니다. 3 연결이 끝나면 보넷의 아래 목둘레 부분에서 코를 주워 긴뜨기 고무단 4단을 떠줍니다. 4 아래 고무단이 끝나면 얼굴 앞쪽 코를 주워 긴뜨기 고무단 2단을 떠줍니다. 5 실을 끊지 않고 이중사슬코 55코로 끈을 만들어줍니다. 반대편에도 마찬가지로 실을 연결해 끈을 만들어줍니다.

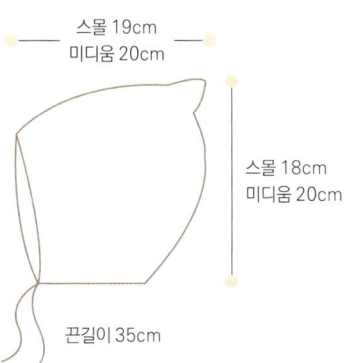

[스몰] 총 2장을 뜨고 머리와 뒤통수 부분을 빼뜨기로 잇습니다.

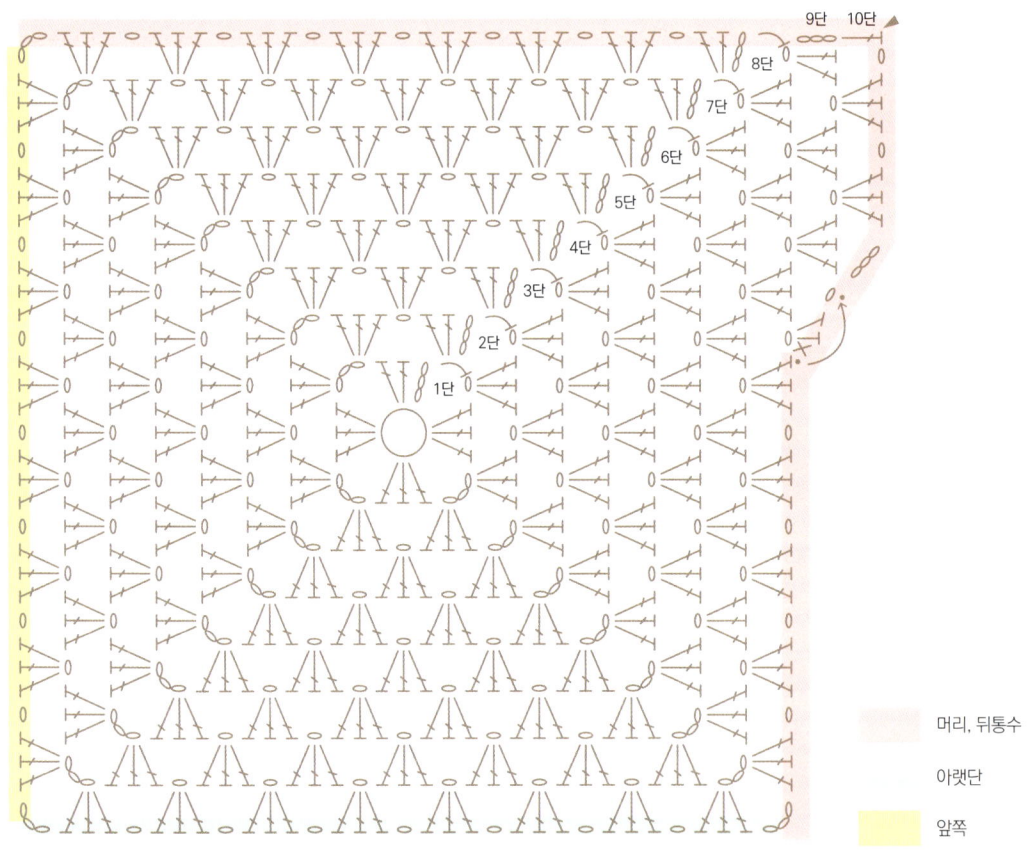

[**미디움**] 총 2장을 뜨고 머리와 뒤통수 부분을 빼뜨기로 잇습니다.

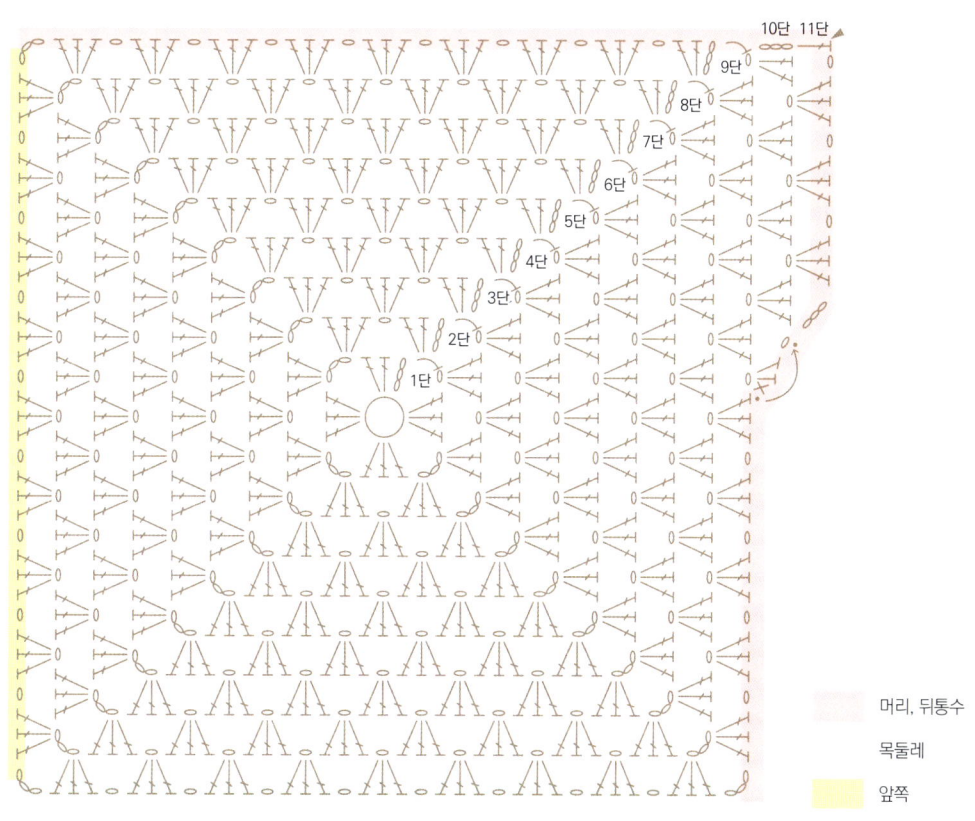

머리, 뒤통수
목둘레
앞쪽

고무단 뜨기

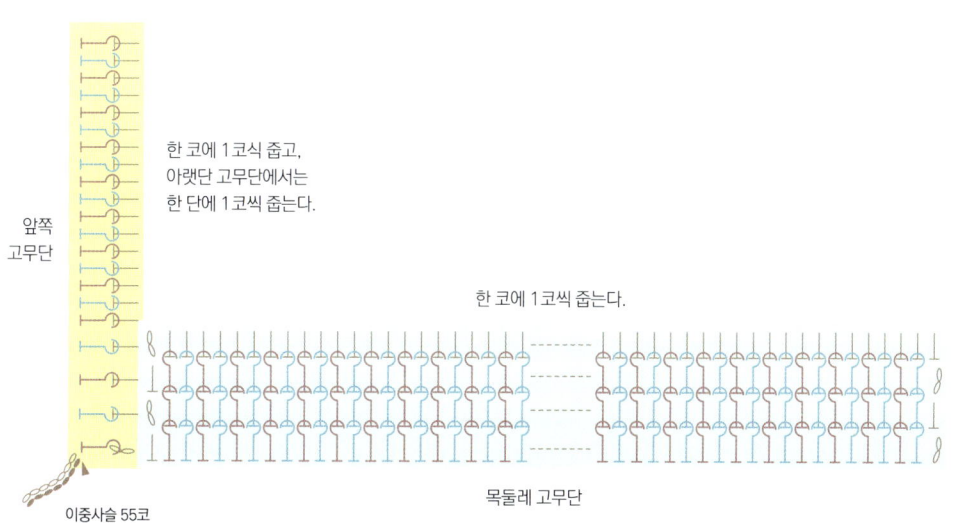

앞쪽 고무단

한 코에 1코식 줍고, 아랫단 고무단에서는 한 단에 1코씩 줍는다.

한 코에 1코씩 줍는다.

목둘레 고무단

이중사슬 55코

BUBBLE
BONNET

버블 보넷

보글보글한 거품을 연상케하는 팝콘 무늬가 가득한 버블 보넷입니다. 빼뜨기로 편물을 연결하는 방법을 배울 수 있으며, 팝콘 무늬 뜨기를 연속으로 나열하여 힘 있는 패턴을 만들어줍니다. 부드러운 소재의 실을 사용해 아이가 편안함을 느낄 수 있어요. 버블이 귀여운 포인트가 되어 아이의 사랑스러움이 한층 더해질 거예요.

버블 보넷 뜨기

사이즈 스몰(1~2y), 미디움(3~5y) **사용실** 알파카 브랜드 청키 2볼
사용바늘 모사용 코바늘 7/0호

만드는 방법
1 기초코 45(49)코를 만들어줍니다. 2 도안을 참고해 13(15)단을 떠줍니다. 3 떠진 편물을 겉끼리 마주댄 후 반을 접어 뒤통수 부분을 빼뜨기로 연결해줍니다. 4 목둘레에서 코를 주워 테두리를 떠줍니다. 5 얼굴 앞쪽에서 코를 주워 테두리를 뜨고, 실을 끊지 않은 상태로 이중사슬코 끈을 만들어줍니다. 반대편도 새 실을 연결해 같은 방법으로 끈을 만들어 완성합니다.

사이즈

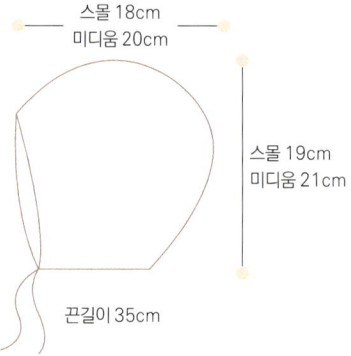

[스몰]

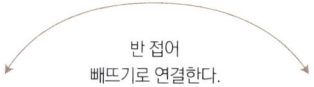
반 접어 빼뜨기로 연결한다.

시작 사슬코 45코

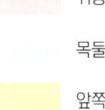

뒤통수
목둘레
앞쪽

[미디움]

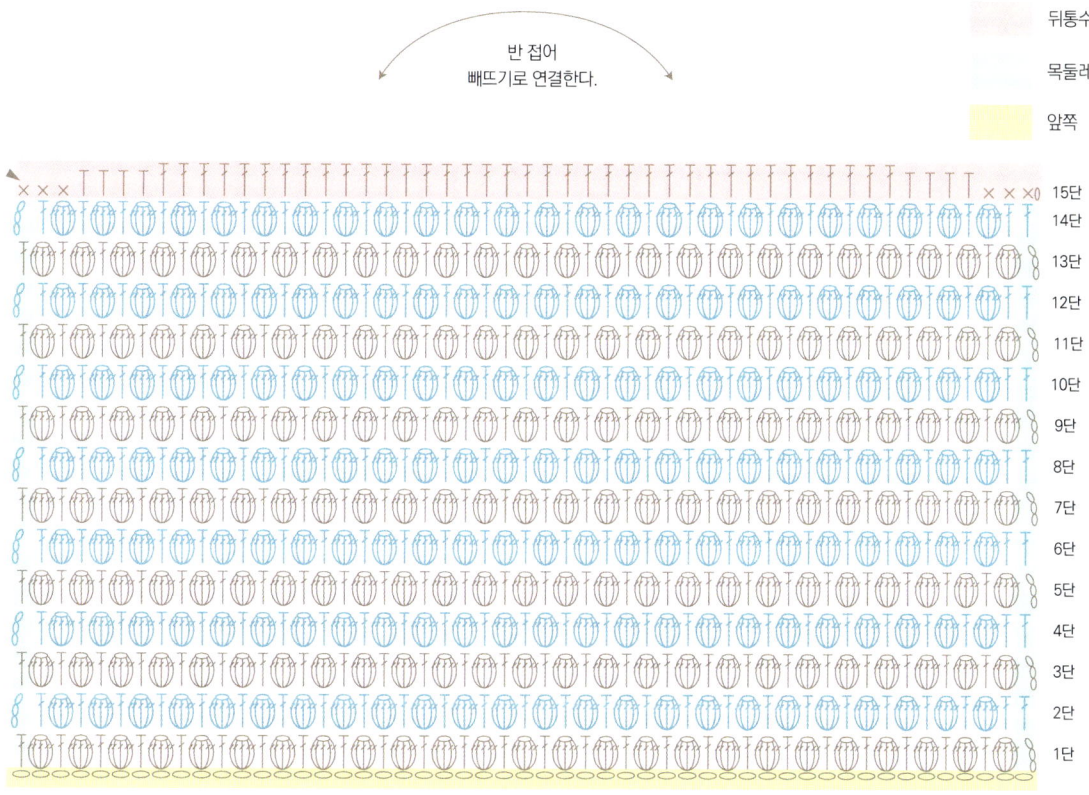

시작 사슬코 49코

테두리 뜨기

BRIM
BONNET

브림 보넷

'이렇게도 보넷이 만들어질 수 있구나!' 감탄하게 되는 새로운 방식의 뜨개로, 원형이 아닌 평면뜨기를 이용한 브림 보넷입니다. 겨울철에 많이 사용하는 발라클라바 모자처럼 보온력이 좋은 보넷을 만들고 싶었습니다. 브림 보넷은 아이의 귀와 얼굴을 전체적으로 감싸 따뜻하면서도 작은 챙과 리본으로 귀여움을 놓치지 않은 디자인입니다.

브림 보넷 뜨기

사이즈 스몰(1~3y), 미디움(3~5y) **사용실** 알파카 브랜드 청키 2볼
사용바늘 모사용 코바늘 7/0호

만드는 방법

1 기초코 60(70)코를 만들어 도안대로 8(10)단을 떠줍니다. 뒤통수 부분은 지정된 위치에서 실을 연결해 12(14)단을 떠줍니다. **2** 아래 도안을 참고해 옆선을 겉끼리 마주대어 연결해줍니다. **3** 챙 뜰 부분을 확인하여 실을 연결해 챙을 만들어줍니다. **4** 목둘레부터 시작하여 전체 짧은뜨기를 둘러줍니다. 이때 코에서는 힌 코에 1코, 단에서는 한 단에 2코를 주워 짧은뜨기를 떠줍니다. **5** 테두리가 끝나면 실을 끊지 않고, 짧은뜨기 4코 47단을 떠서 끈을 만들어줍니다. 반대편도 같은 위치에 실을 연결해 끈을 만들어줍니다.

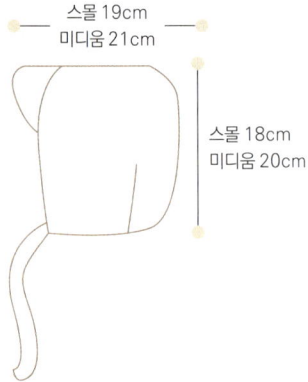

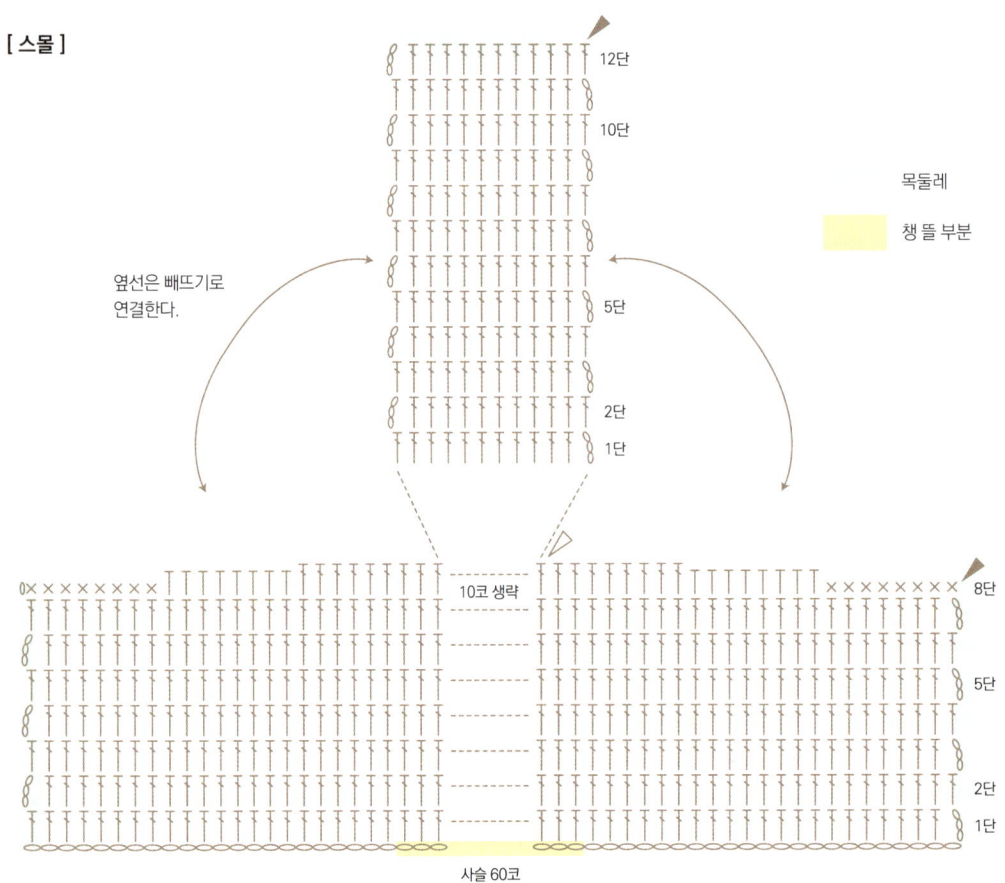

[미디움]

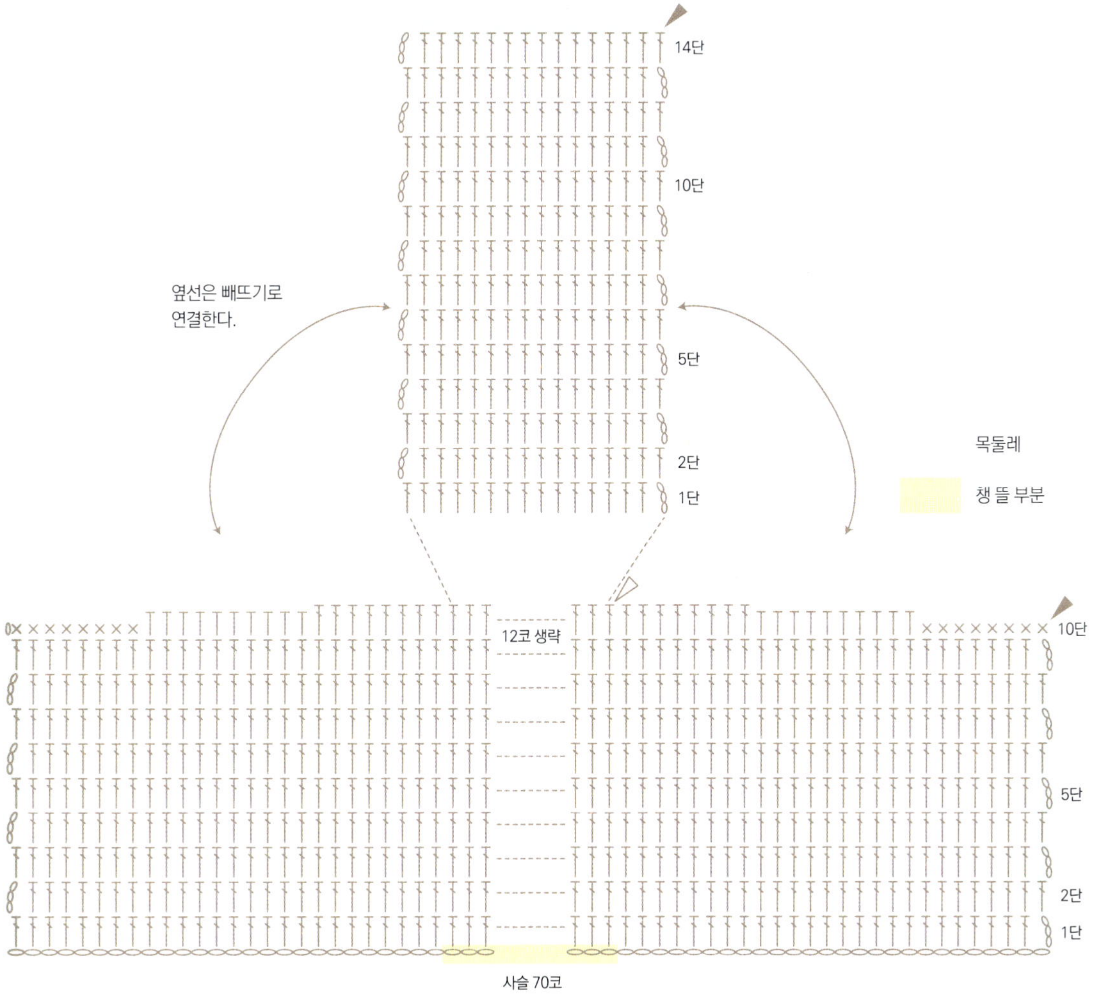

14단
10단
5단
2단
1단

옆선은 빼뜨기로
연결한다.

목둘레

챙 뜰 부분

10단
5단
2단
1단

12코 생략

사슬 70코

챙

18코

목둘레

한길긴뜨기단에서는 한 단에 2코, 짧은뜨기단에서는 한 단에 1코,
코 부분에서는 한 코에 1코씩 줍습니다.

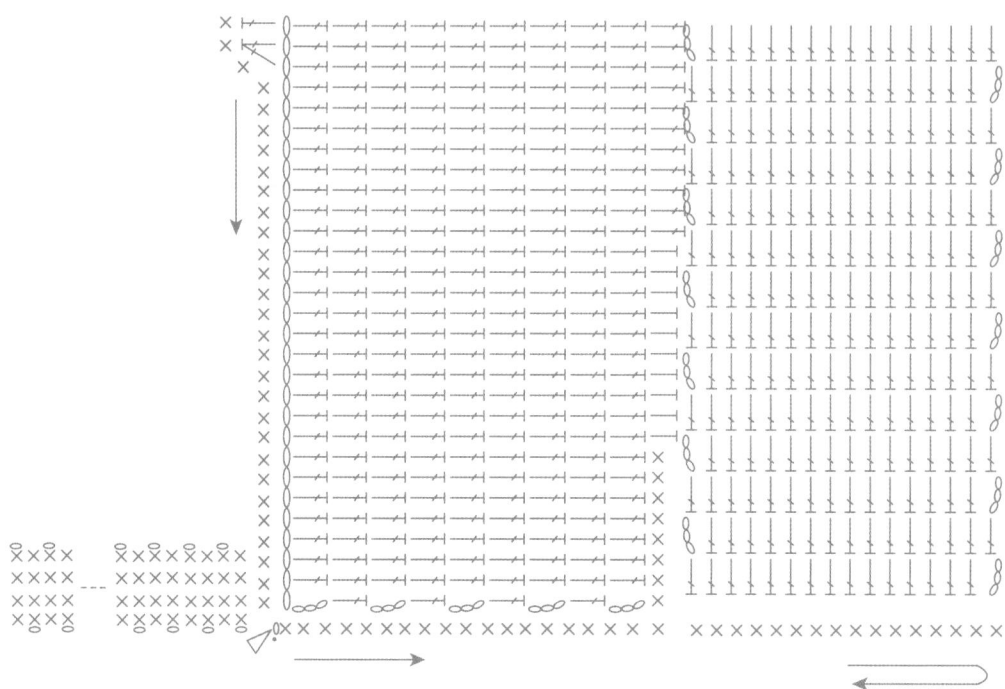

끈

1 목둘레 단이 끝난 부분에서 실을 끊지 않고 짧은뜨기 4코씩 총 48단을 뜹니다.
2 반대쪽도 같은 위치에서 실을 연결해 같은 방법으로 끈을 만들어줍니다.

BOUCLE
BONNET

부클 보넷

한겨울용으로 귀여운 양을 연상케 하는 부클 보넷입니다. 뜨는 기법은 쉬우나 코가 잘 보이지 않는 실을 사용하기 때문에 집중해서 떠야 해요. 물론 틀린 코가 잘 보이지 않는다는 장점도 가지고 있지요. 굵직한 바늘과 실로 단시간에 뜰 수 있는 보넷입니다.

부클 보넷 뜨기

사이즈 스몰(1~3y), 미디움(3~5y) **사용실** 소노모노 루프 2볼, 동화 20g
사용바늘 모사용 코바늘 8/0호(미디움 사이즈 7/0호)

사이즈

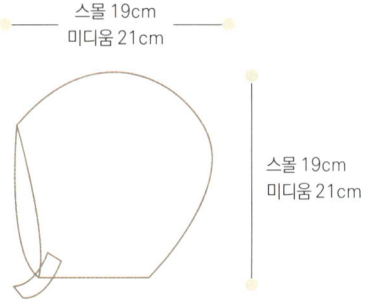

만드는 방법

1 매직링을 만들어 한길긴뜨기 12코를 만들어줍니다. 도안을 참고하여 4(5)단까지 떠줍니다. 2 뒤통수 원형이 끝나면 마지막 5(7)코를 남기고 편물을 돌려 다음 단을 떠줍니다. 이렇게 총 9(11)단을 떠줍니다. 3 10(12)단에서 실을 바꿔 짧은뜨기 2단을 뜹니다(동화 2겹 사용). 4 목둘레에서 코를 주워 짧은뜨기 2단 테두리를 둘러줍니다. 5 테두리 뜨기가 끝나면 별도의 턱 끈을 만들어 보넷 앞쪽 모서리에 박음질하여 연결해주고, 반대편에는 단추를 달아줍니다.

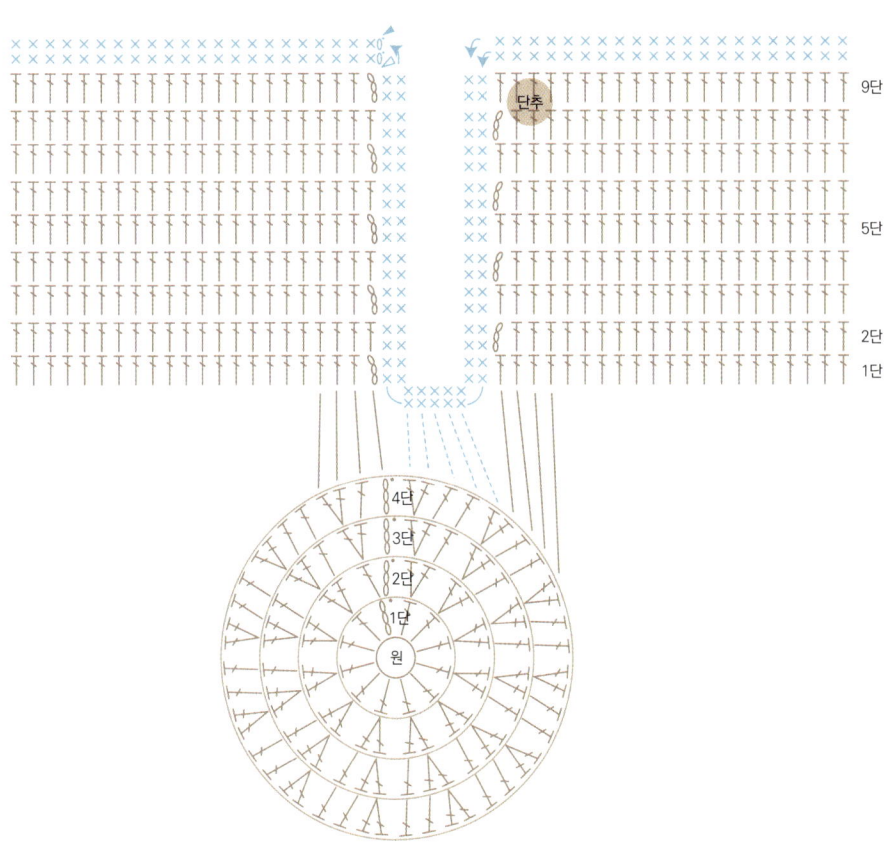

[스몰]

턱 끈 [스몰]

테두리 동화 2겹 사용

18코

[미디움]

단추
10단
5단
2단
1단
5단
4단
3단
2단
1단
원

턱 끈 [미디움]

테두리 동화 2겹 사용

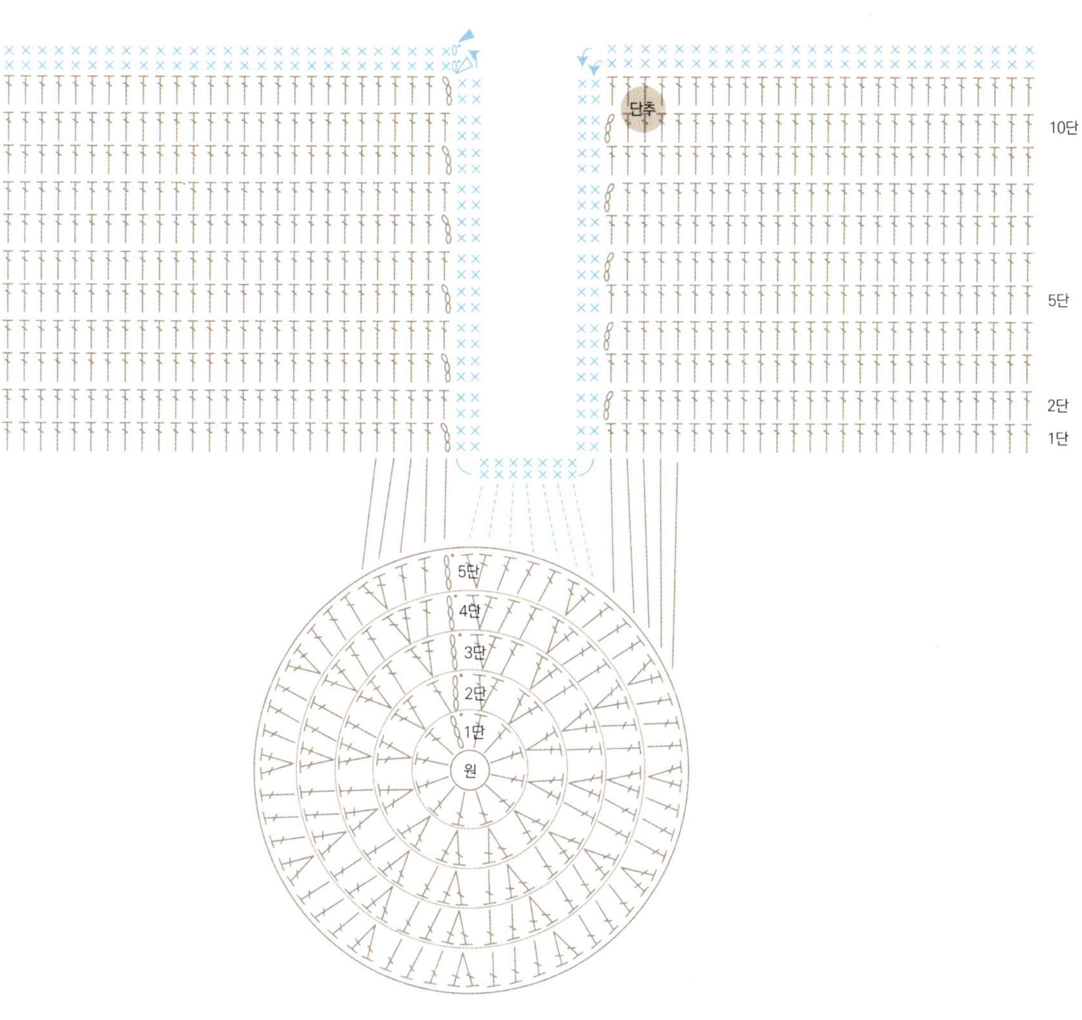

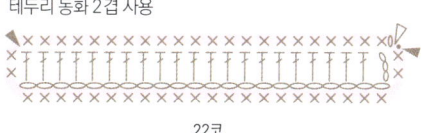

22코

BOUCLE LEG
WARMER

부클 레그 워머

부클 보넷과 세트로 함께 코디하기 좋은 아이템입니다. 워머가 아이의 다리를 감싸줘 겨울철 차가운 바람으로부터 체온을 지켜주지요. 부드럽고 포근한 촉감 덕분에 매일 신고 싶어질 거예요. 부클 레그 워머 역시 보넷과 마찬가지로 굵직한 바늘과 실을 사용해 단시간에 뜰 수 있어요.

부클 레그 워머 뜨기

사이즈 스몰(1~3y), 미디움(4~6y)
사용실 스몰 - A실 소모모노 루프 2볼, B실 동화 15g
미디움 - A실 소노모노 3볼, B실 동화 20g
사용바늘 모사용 코바늘 8/0호

만드는 방법

1 A실로 원하는 사이즈의 기초코를 만들어주세요(원통으로 뜨는 디자인입니다).
2 한길긴뜨기로 사이즈에 해당하는 단수만큼 떠줍니다. 코가 잘 보이지 않기 때문에 콧수를 체크하면서 떠주어야 합니다. 3 B실(2겹)로 바꾸어 걸어뜨기로 고무단을 떠줍니다. 4 시작되는 기초코의 반대 부분에 B실을 새로 이어 고무단을 뜨고 마무리합니다.

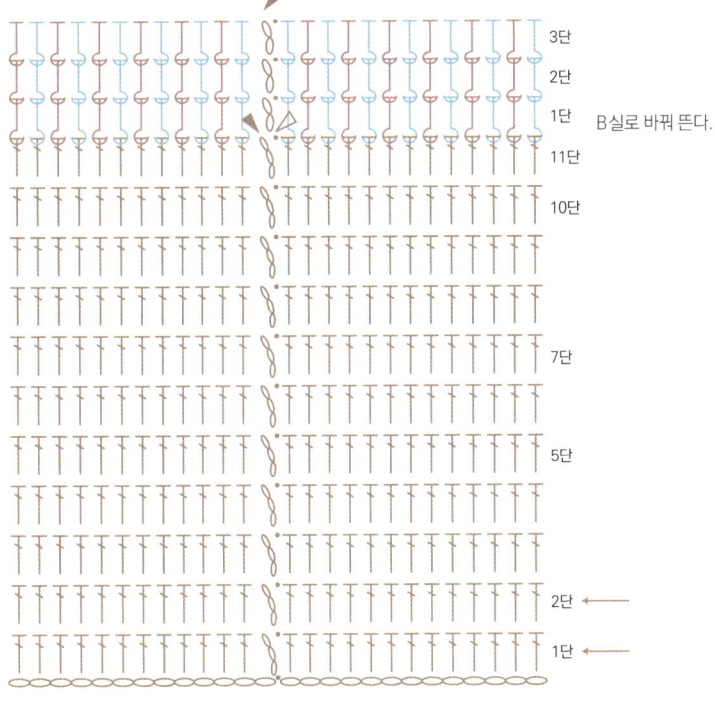

A실 26코로 시작한다.

아래 고무단 B실로 뜬다.

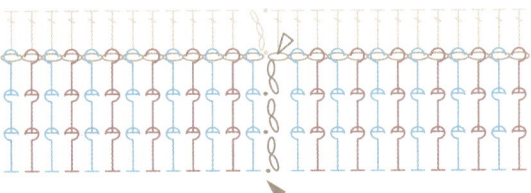

[미디움]

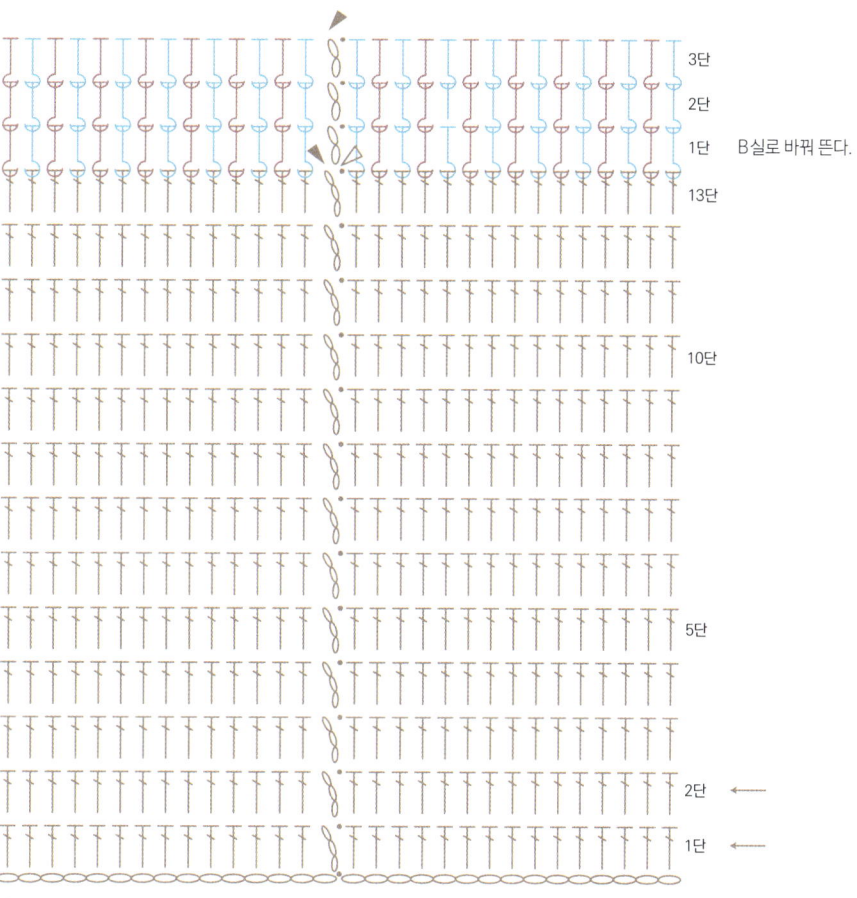

B실로 바꿔 뜬다.

A실 30코로 시작한다.

아래 고무단

B실로 뜬다.

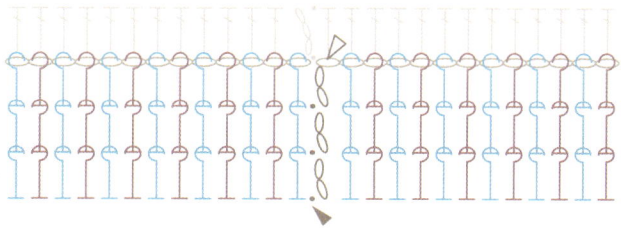

B O U C L E
M I T T E N

부클 미튼

겨울 필수품인 장갑을 코바늘로 떠보세요. 레그 워머와 마찬가지로 보넷과 함께 코디했을 때 귀여움을 더합니다. 귀여운 두 짝의 장갑은 아이들이 정말 좋아하는 아이템입니다. 두 짝을 끈으로 연결해보아도 좋습니다.

NATIONE BARBARA

Die stille Nachmittagssonne eines Oktobertages des Jahres 587 legte ihr weiches Licht auf den Schreibtisch des Bischofs Gregor von Tours. Mitten in einem Berg von Pergamenten sitzt der große Geschichtschreiber der Franken. — Mit dem Staub der Straße auf Schuh und Reisekleid hat sich neben dem fünfzigjährigen [...] den Kaplan der verstorbenen Königin [...] niedergelassen. Schon zwei [...] es her, seit er die erkaltende [...] [Hä]fleins zum letztenmal ge[...] [...] steht ihm immer noch [...] [Schmer]zes auf der [...] hab' dich zu mir [...] beginnt der Bischof,

...natione barbara

„daß du mir über die letzten Lebensjahre unserer seligen Radegundis einiges in die Feder erzählest. — Aber ihren Heimgang hab' ich bereits geschrieben. Wart', ich will's dir vorlesen!"...

Der Bischof schiebt Tintenhäfelein und Kiel beiseite. Er zieht aus den Pergamenten das Schriftstück heraus und beginnt zu lesen: „Als die große Mutter der Armen, die glühende Liebhaberin des hochheiligen Kreuzholzes Unseres Herrn, entschlafen war, — man zählte den 13. August dieses fünfhundertsiebenundachtzigsten Jahres, da sandte die Äbtissin Agnes vom Heiligenkreuzkloster zu Saix, nahe bei Poitiers, zu mir einen Boten, ich möchte nach Saix kommen und den Leib der seligen Radegundis der Erde übergeben. Der ehrwürdige Bischof Moroveus von Poitiers war nämlich abwesend zu dieser Zeit. Ich kam am Abend des nämlichen Tages [...] an und begab mich a[...] Kloster Saix, aus [...]

부클 미튼 뜨기

사이즈 3~7y **사용실** 소노모노 루프 2볼
사용바늘 모사용 코바늘 8/0호

만드는 방법

1 매직링을 만들어 긴뜨기 10코를 떠줍니다. **2** 2단에서 코늘림을 한 후 9단까지 늘림없이 떠줍니다. **3** 10단에서 정해진 위치에 사슬코를 만들어 엄지손가락이 만들어질 부분을 비워줍니다. **4** 13단까지 도안대로 떠준 후, 14~15단은 고무단을 떠 몸판을 마무리해줍니다. **5** 비워둔 엄지 도안대로 코를 주워 엄지손가락 부분을 완성해줍니다.

사이즈

8cm
15cm

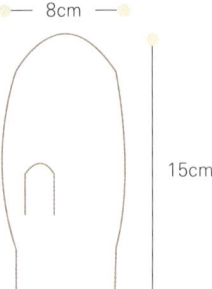

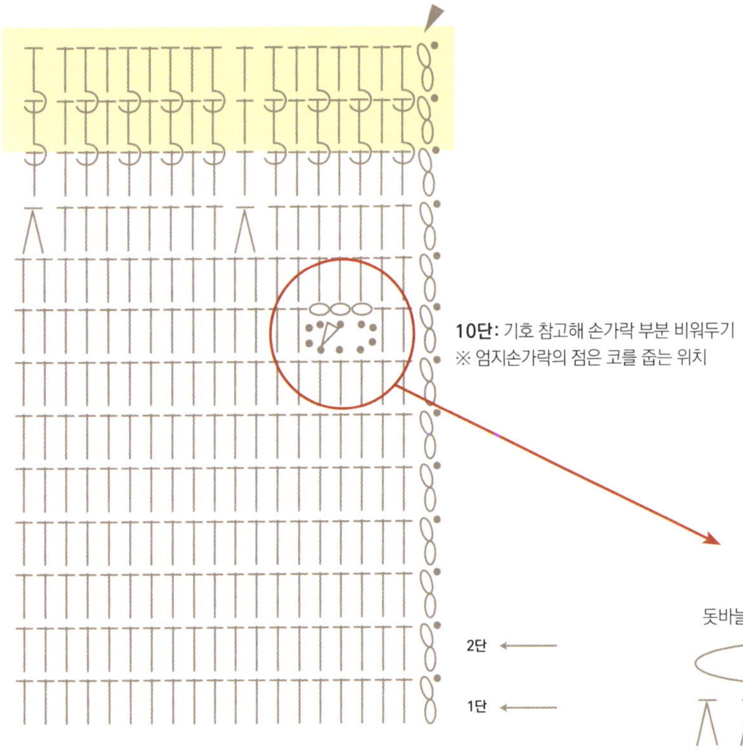

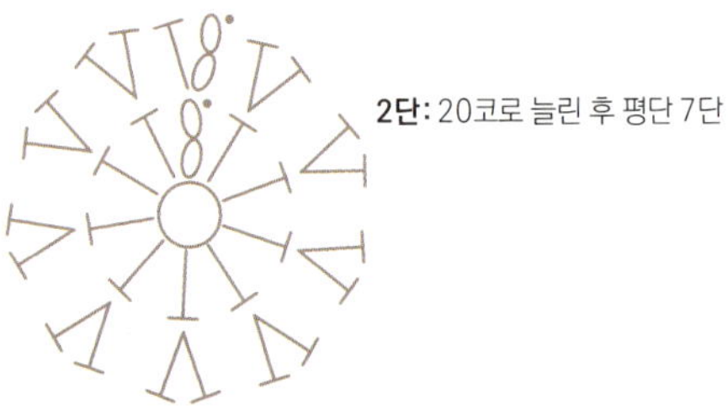

10단: 기호 참고해 손가락 부분 비워두기
※ 엄지손가락의 점은 코를 줍는 위치
2단
1단

2단: 20코로 늘린 후 평단 7단

긴뜨기 10코로 시작한다.

엄지 도안

돗바늘로 모아 마무리한다.
2단
1단

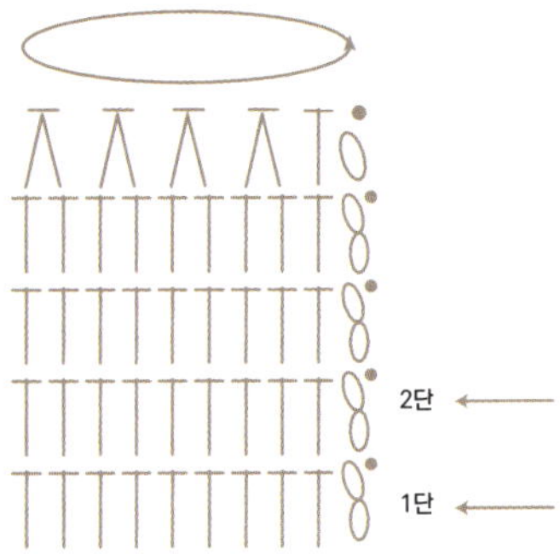

BOUCLE
MASK

부클 마스크

부클 보넷과 부클 레그 워머를 뜨고 실이 남았다면 마스크를 만들어보세요! 보온이 되지 않는 일반 마스크 위에 씌워주면 차가운 공기를 막아줘 체온 유지에 도움이 된답니다.

부클 마스크 뜨기

사이즈 3~5y **사용실** A실 소노모노루프 약 20g, B실 동화 약10g
사용바늘 모사용 코바늘 8/0호

만드는 방법
1 A실로 기초코를 만들어줍니다. 2 긴뜨기 11단을 떠준 후 B실(2겹)로 바꿔 짧은뜨기 3단과 사슬 끈을 만들어줍니다. 3 기초코 부분에서 B실을 연결해 짧은뜨기 3단 후 사슬 끈을 만들고 빼뜨기로 마무리합니다.

사이즈

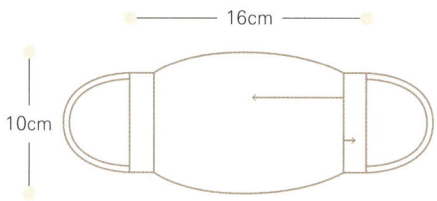

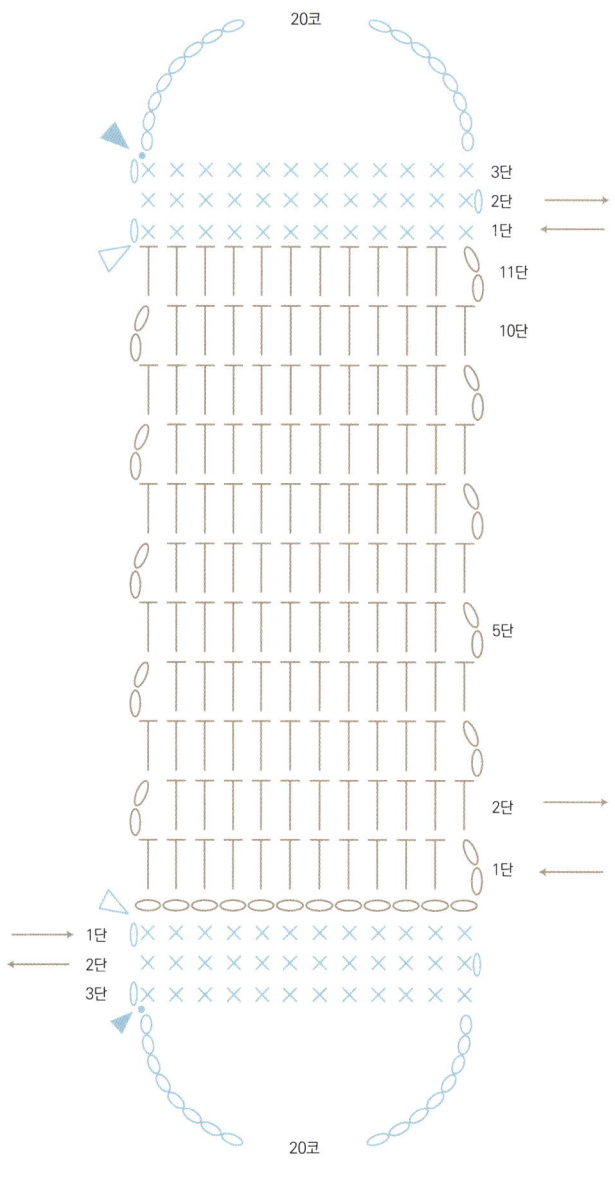

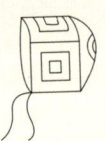

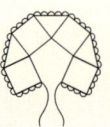

Part 4

MOTIF
모티브 응용 작품들

GRANNY MOTIF BONNET
그래니 모티브 보넷

how to make: 152page
yarn: 동화 2겹

CIRCLE MOTIF BONNET
써클 모티브 보넷

how to make: 158page
yarn: 더블선데이

BIG GRANNY SQUARE BONNET
빅 그래니 스퀘어 보넷

how to make: 162page
yarn: 더블선데이

MOTIF HAIRBAND
모티브 헤어밴드

how to make: 166page
yarn: 더블선데이

MOTIF COLLAR
모티브 칼라

how to make: 170page
yarn: 동화

MOTIF VEST
모티브 베스트

how to make: 174page
yarn: 더블선데이

작품에 필요한 기법 다지기

○ 모티브 돗바늘 연결 방법

1 모티브 4장을 준비합니다.

2 실을 돗바늘에 걸고 모티브의 모서리 부분 사슬 3코 중 두 번째 코에 바늘을 넣습니다. 이때 왼쪽의 사슬 반코만 통과합니다.

3 반대편도 마찬가지로 모서리 사슬 3코 중 두 번째 코에 바늘을 넣어 오른쪽 사슬 반코만 통과합니다.

4 같은 위치를 한 번 더 통과해 단단히 고정시켜주세요.

5 평행하는 같은 위치의 코를 연결해주는데 첫 번째 연결과 마찬가지로 왼쪽 모티브는 오른쪽 사슬 반코, 오른쪽 모티브는 왼쪽 사슬 반코를 통과해주세요.

6 반복하여 모티브 2장을 연결합니다.

7 아래 모티브 2장이 연결되었습니다. 실을 끊지 않고 그대로 위 모티브를 연결합니다.

8 위 모티브의 연결 또한 아래 모티브 연결의 처음과 동일합니다.

9 모티브 4장 사이에 오른쪽으로 향하는 대각선 연결선이 생겨났습니다.

10 반복하여 위 모티브의 끝까지 연결해주세요.

11 마지막 코는 오른쪽 모티브의 코를 한 번 더 통과해 실을 뒤로 보낸 후 정리를 합니다.

12 편물을 돌려 연결되지 않은 가로 방향도 연결해줍니다.

13 아래 모티브 2장의 마지막 코를 연결하는 모습입니다.

14 위 모티브 2장의 연결을 시작하는데 이때 연결하는 위치가 모서리 3코 중 중앙의 두 번째 코인지 반드시 확인 후 연결해주세요.

15 세로 방향에서 연결했던 실과 가로 방향에서 연결한 실이 교차하여 x자 모양이 만들어졌습니다.

16 이후 연결하는 방법은 동일합니다. 모두 연결한 후 모티브의 뒷면에서 실을 정리해주세요.

○ 베스트 고무단 뜨는 방법

1 고무단 시작 위치에 실을 연결합니다.

2 정해진 콧수만큼 기초코인 사슬코를 만들어줍니다.

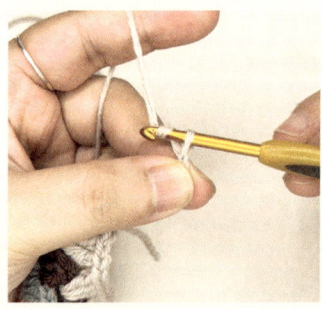

3 기둥코 사슬1코를 만들어줍니다.

4 기초코의 사슬 반코에 바늘을 넣어 코를 만들어줍니다.

5 짧은뜨기를 떠줍니다.

6 기초코 콧수만큼 짧은뜨기를 떠줍니다.

7 모티브의 다음 코에 바늘을 넣습니다.

8 바로 빼뜨기로 연결합니다.

9 다음 세 번째 코에 바늘을 넣어 한 번 더 빼뜨기를 해줍니다.

10 다음 단 시작을 위해 바늘의 위치를 이동했습니다.

11 고무단의 안쪽에서 바깥쪽으로 향할 때는 기둥코를 세우지 않습니다. 편물을 돌려 다음 단을 시작합니다.

12 사슬 반코에 짧은뜨기를 해줍니다.

13 콧수가 맞는지 반드시 확인해주세요. 한 단이 완성되었습니다.

14 바깥쪽에서 안쪽으로 뜨는 단은 기둥코 사슬 1코를 만들어줍니다.

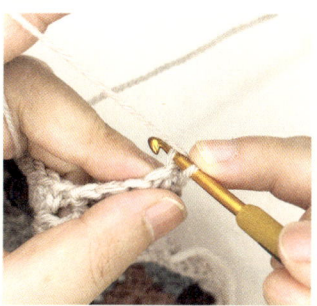

15 기둥코가 만들어진 코의 사슬 반코에 짧은뜨기를 뜨면서 다음 단을 시작합니다.

16 3단이 완성되었습니다.

17 네 번째 코에 빼뜨기를 해줍니다.

18 다섯 번째 코에 한 번 더 빼뜨기하여 바늘의 위치를 옮겨줍니다. 이 과정은 다음 단의 기둥코를 대체합니다.

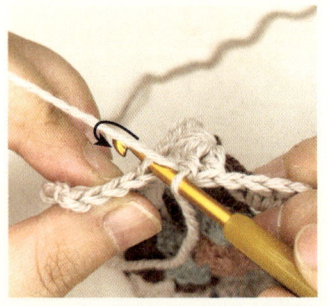

19 다시 사슬 반코를 걸어 짧은뜨기를 해줍니다. 이 과정을 반복해 고무단을 완성합니다.

20 모티브 한 면의 고무단이 완성되었습니다.

21 모서리 부분의 남은 한 코 위치에 빼뜨기를 해줍니다.

22 (모티브가 겹치는 부분 설명) 모티브와 모티브가 겹치는 위치에서는 양 쪽 모티브의 모서리 중앙 사슬 반코를 한 가닥씩 걸어줍니다.

23 빼뜨기를 해줍니다. 다시 반복하여 고무단이 끝나는 위치까지 완성해주세요.

GRANNY MOTIF
BONNET

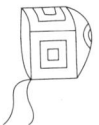

그래니 모티브 보넷

그래니 스퀘어와 원형 편물을 연결해 만든 보넷입니다. 다양한 색상을 선택해 배색해볼 수 있으며, 원작의 색상은 빈티지한 분위기로 심플한 코디보다는 화려한 패턴이 있는 코디에 더 잘 어울립니다. 모티브를 배색하며 뜨는 방법과 모티브 연결하는 방법을 배울 수 있습니다.

그래니 모티브 보넷 뜨기

사이즈 스몰(1~2y), 미디움(3~5y)
사용실 동화 바탕실 1볼, 배색실 세 가지 각 20g(2겹 사용)
사용바늘 모사용 코바늘 7/0호(미디움 사이즈 6/0호)

만드는 방법

1 사각 모티브 3장과 원형 모티브 1장을 기호 도안대로 뜬 후 제시된 사이즈에 맞추어 핀을 꽂아 스팀다림질을 해줍니다. 2 사각 모티브 3장은 옆으로 나란히 두고 옆선을 돗바늘로 연결합니다. 3 연결된 사각 모티브 3장과 원형 모티브를 돗바늘로 연결해줍니다. 원형 모티브의 가장자리를 잘라 연결하면 뒷목 부분의 코는 약 5코 정도 남습니다. 이때 5~7코를 넘지 않습니다. 4 연결이 끝나면 보넷의 앞쪽 모서리에서부터 긴뜨기로 테두리를 떠줍니다. 5 테두리 뜨기가 끝나면 빼뜨기 후 이중사슬코 50코로 끈을 만들어줍니다. 반대편도 실을 연결해 같은 방법으로 끈을 만듭니다.

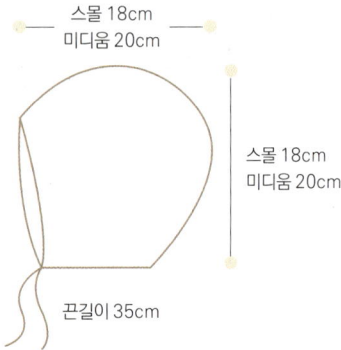

[스몰]

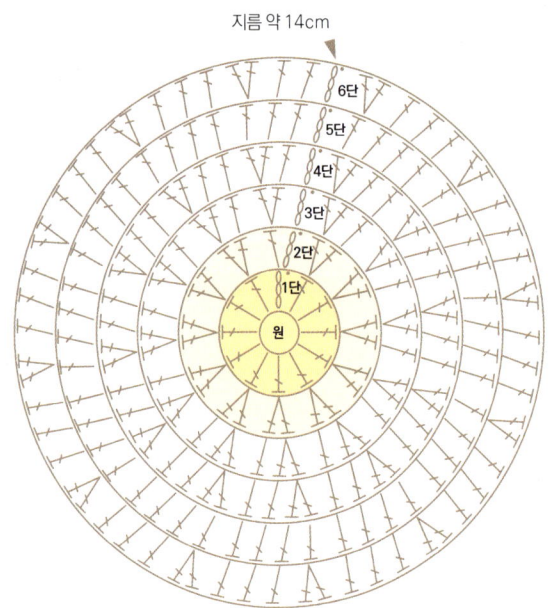

[미디움]

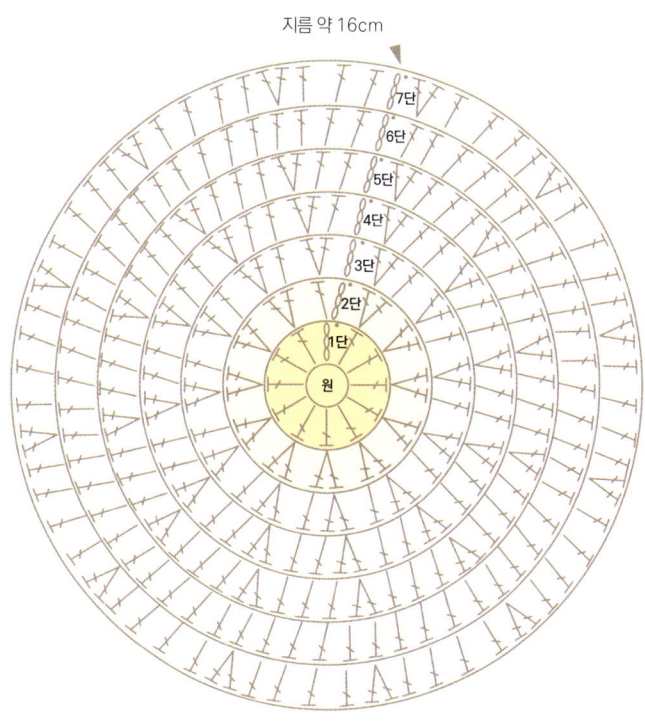

모티브 연결 방법 및 테두리 뜨기

1 모티브의 크기는 도안에 제시된 길이를 확인해 같은 크기로 떠주세요. **2** 사각 모티브는 사슬 반코끼리 돗바늘로 연결해주고, 원형 모티브와 연결 시에는 코 하나를 모두 걸어 연결해주세요. **3** 테두리단 긴뜨기는 너무 느슨하게 뜨지 않도록 주의합니다.

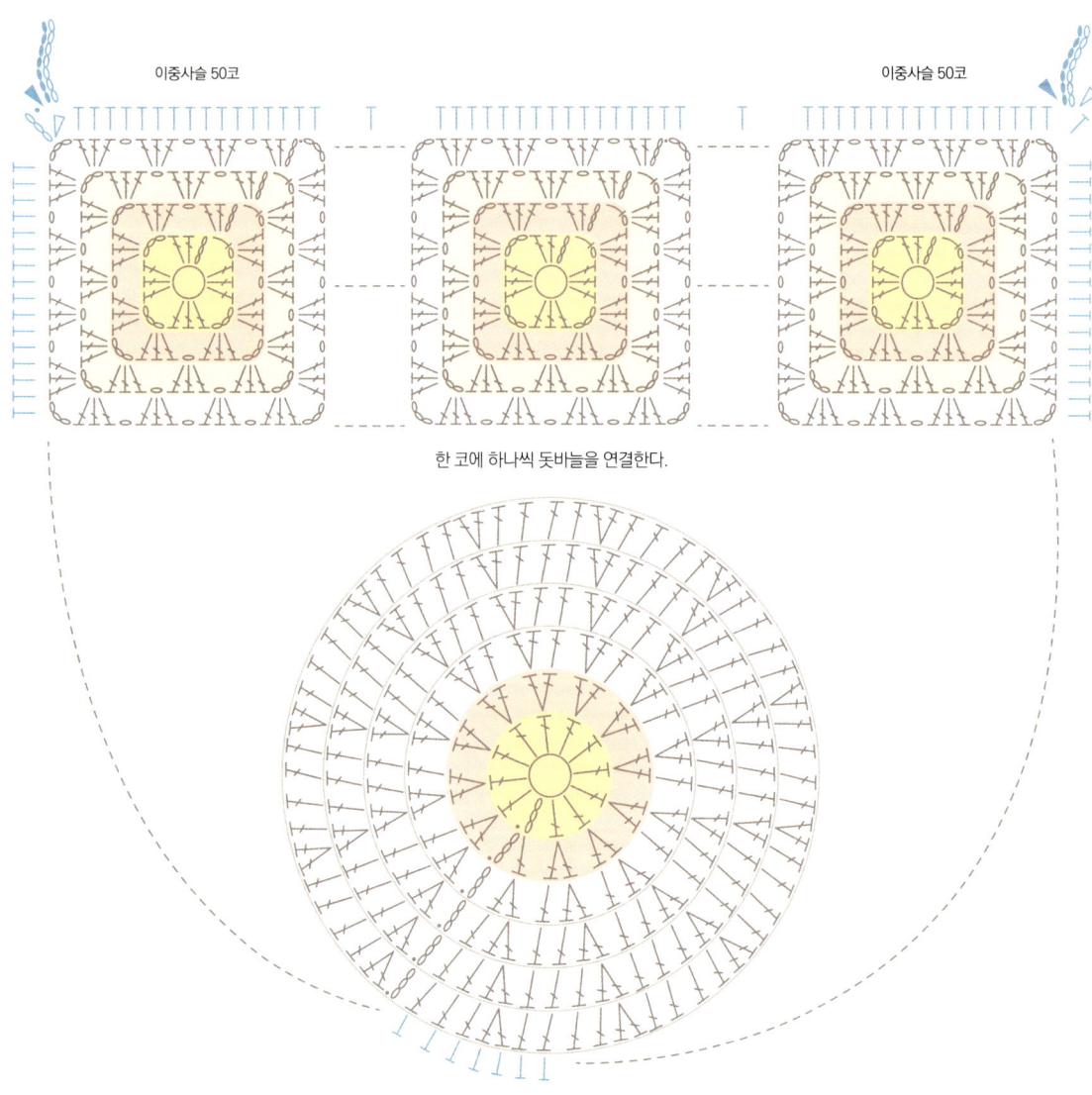

한 코에 하나씩 돗바늘을 연결한다.

CIRCLE MOTIF
BONNET

써클 모티브 보넷

원형으로 시작하는 여러 장의 모티브를 떠서 연결하는 보넷입니다. 배색 없이 한 가지 색상 실을 사용해 조금 더 클래식하고 빈티지한 느낌을 더했습니다. 베이직한 옷이나 쨍한 색상의 코디에도 손색이 없어요. 더블선데이 실의 다양한 색상을 활용하면 더욱 특별한 모티브 보넷이 탄생할 거예요.

써클 모티브 보넷 뜨기

사이즈 스몰(1~3y), 미디움(3~5y) **사용실** 더블선데이 2볼
사용바늘 모사용 코바늘 7/0호

만드는 방법
1 아래 모티브 도안을 참고해 모티브 7장을 떠줍니다. 2 안내된 사이즈에 맞추어 핀을 꽂아 스팀다림질을 해줍니다. 3 전개도를 따라 모티브를 서로 연결해줍니다. 이때 돗바늘을 사용합니다. 4 연결이 끝나면 목둘레 한 코에 1코씩 주워 긴뜨기 고무단 3단을 떠줍니다. 5 얼굴 앞쪽도 같은 방법으로 코를 주워 긴뜨기 고무단 2단을 뜨고, 실을 끊지 않은 상태로 이중 사슬코 50코 끈을 만들어줍니다. 반대편도 실을 연결해 같은 방법으로 끈을 만들어주세요.

사이즈

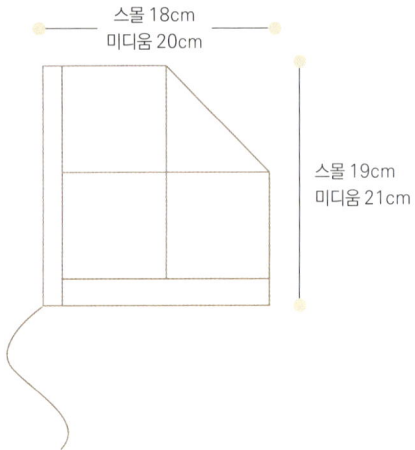

[스몰]

[미디움]

전개도

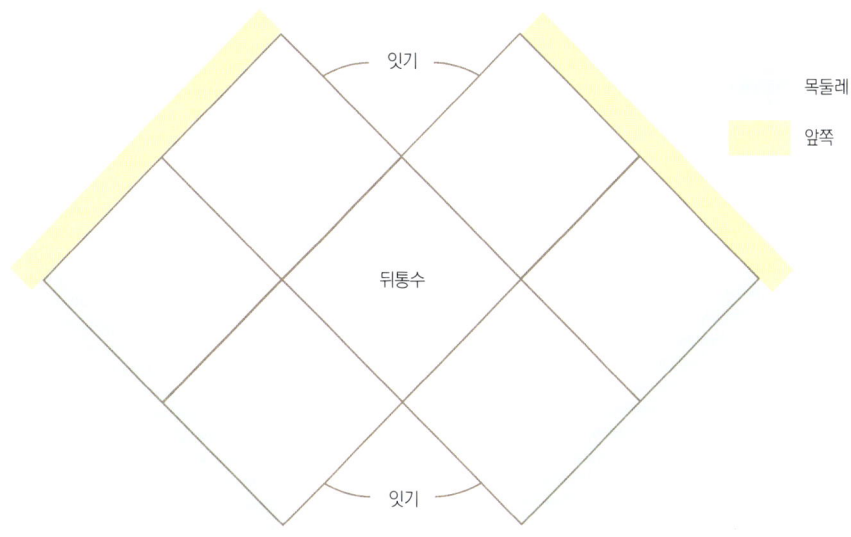

고무단 뜨기

앞쪽 고무단, 목둘레 고무단 모두 한 코에 1코씩 줍고, 아랫단 고무단에서는 한 단에 1코씩 줍습니다.

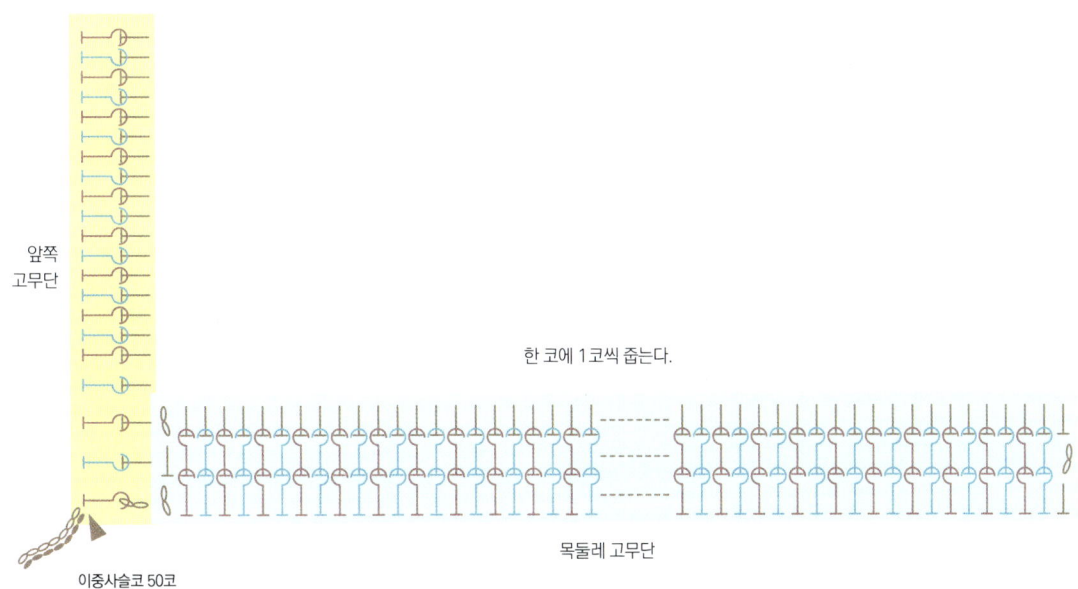

BIG GRANNY SQUARE
BONNET

빅 그래니 스퀘어 보넷

단마다 서로 다른 2가지 컬러를 배색하여 포인트를 준 보넷입니다. 모티브 파트의 가장 기본인 그래니 스퀘어를 크게 만들어 2장을 연결하는 디자인으로 간단하면서도 핏이 예뻐 자주 손이 가게 될 거예요. 단마다 실 색상을 바꾸는 방법, 모티브를 빼뜨기로 연결하는 방법을 공부해볼 수 있답니다.

빅 그래니 스퀘어 보넷 뜨기

사이즈 스몰(~3y), 미디움(~6y)
사용실 더블선데이 두 가지 색상 1볼씩
사용바늘 모사용 코바늘 7/0호

만드는 방법
1 기호 도안을 참고하여 그래니 스퀘어 2장을 뜬 후 사이즈를 맞추고 핀을 꽂아 스팀다림질을 해줍니다. 2 모티브 2장을 겉끼리 마주대어 ㄱ자로 연결해줍니다. 이때 빼뜨기 연결 방법을 사용합니다. 3 이중사슬코 끈을 150(170)코로 만듭니다. 4 끈은 보넷의 아랫 부분에서 지그재그로 통과시켜 턱이 오는 위치에서 묶어주세요.

[스몰]

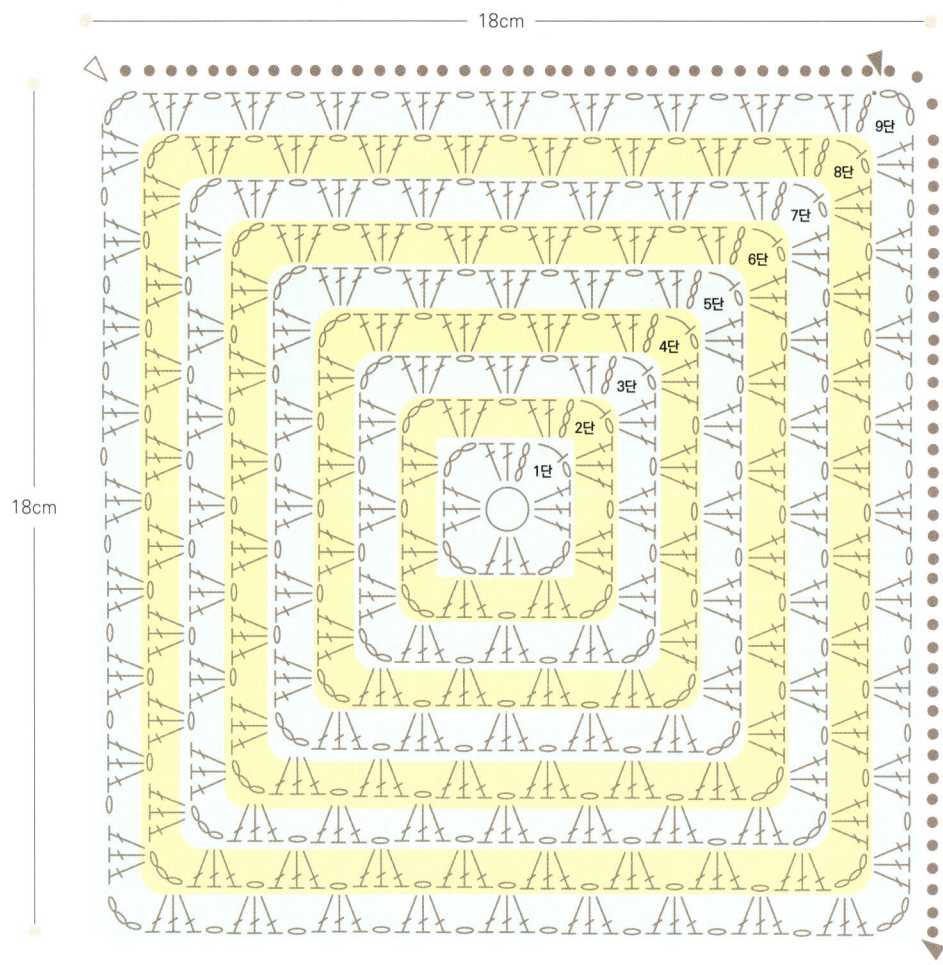

[미디움]

끈

이중사슬 끈 - 스몰 150코, 미디움 170코

MOTIF

HAIR BAND

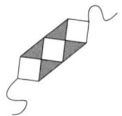

모티브 헤어 밴드

여러 가지 모양의 모티브를 활용해 머리에 두르기 좋은 헤어밴드를 만들어보았습니다. 다양한 배색으로 빈티지한 분위기를 연출해주세요. 사각형과 삼각형 모티브를 순서대로 나열해 연결하고 짧은뜨기 테두리를 둘러서 깔끔한 헤어밴드가 되었어요. 조금 단조로운 코디에 포인트가 될 만한 귀여운 헤어밴드입니다.

모티브 헤어 밴드 뜨기

사이즈 1~5y **사용실** 더블선데이 세 가지 색상 각 30g
사용바늘 모사용 코바늘 7/0호

만드는 방법
1 A 모티브 3장, B 모티브 4장을 만들어줍니다. 2 모티브를 안내된 크기에 맞추어 핀을 꽂아 스팀다림질을 해주세요. 3 전개도에 따라 돗바늘을 사용해 연결해줍니다. 4 연결이 끝나면 짧은뜨기 테두리를 둘러주세요. 이때 코에서는 한 코에 1코, 단에서는 한 단에 2코를 줍니다. 5 테두리가 끝나면 빼뜨기 후 실을 끊지 않고 이중사슬코 60코를 만들어줍니다. 반대편도 같은 방법으로 끈을 만들어 완성합니다.

사이즈

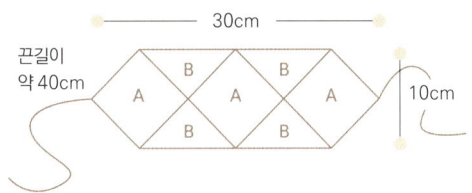

[스몰]

〈A〉

〈B〉

테두리 뜨는 방법

이중사슬코 60코의 반대쪽에도 같은 위치에 끈을 만들어준다.

MOTIF NECK
COLLAR

모티브 넥 칼라

사각형과 삼각형 모티브를 순서대로 나열해 연결하고, 테두리 물결무늬를 더해 한층 귀엽게 완성된 모티브 카라입니다. 모티브 뜨기, 모티브 연결, 이중사슬 등 작은 작품 속에서 우리가 지금까지 배워왔던 기법들을 모두 활용해볼 수 있답니다.

모티브 넥 칼라 뜨기

사이즈 1~5y **사용실** 동화 세 가지 색상 각 30g씩
사용바늘 모사용 코바늘 5/0호

만드는 방법
1 A 모티브 4장, B 모티브 3장을 만들어줍니다. 2 안내된 사이즈에 맞추어 핀을 꽂아 스팀다림질을 해주세요. 3 전개도에 따라 돗바늘로 연결해줍니다.
4 모티브 연결이 끝나면 새 실을 연결해 테두리의 물결 무늬를 만들어줍니다.
5 목 안쪽 둘레는 짧은뜨기로 둘러준 후 실을 끊지 않고 이중사슬코 60코로 끈을 만듭니다. 반대편 같은 위치에도 새 실을 연결해 끈을 만들어줍니다.

사이즈

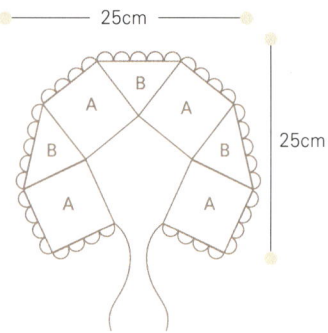

모티브

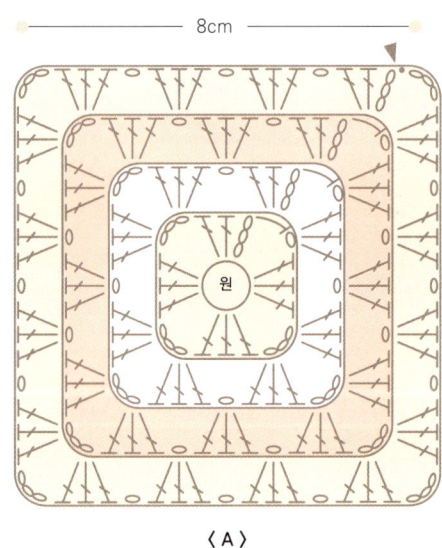

〈A〉

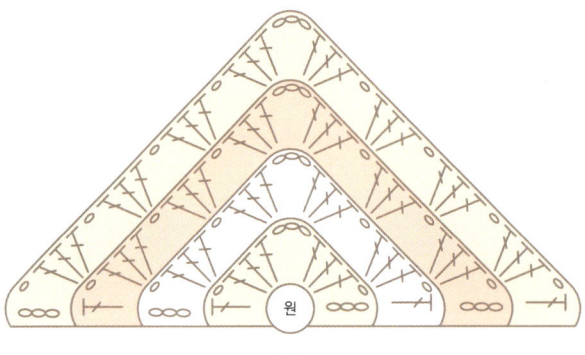

〈B〉

테두리 및 끈

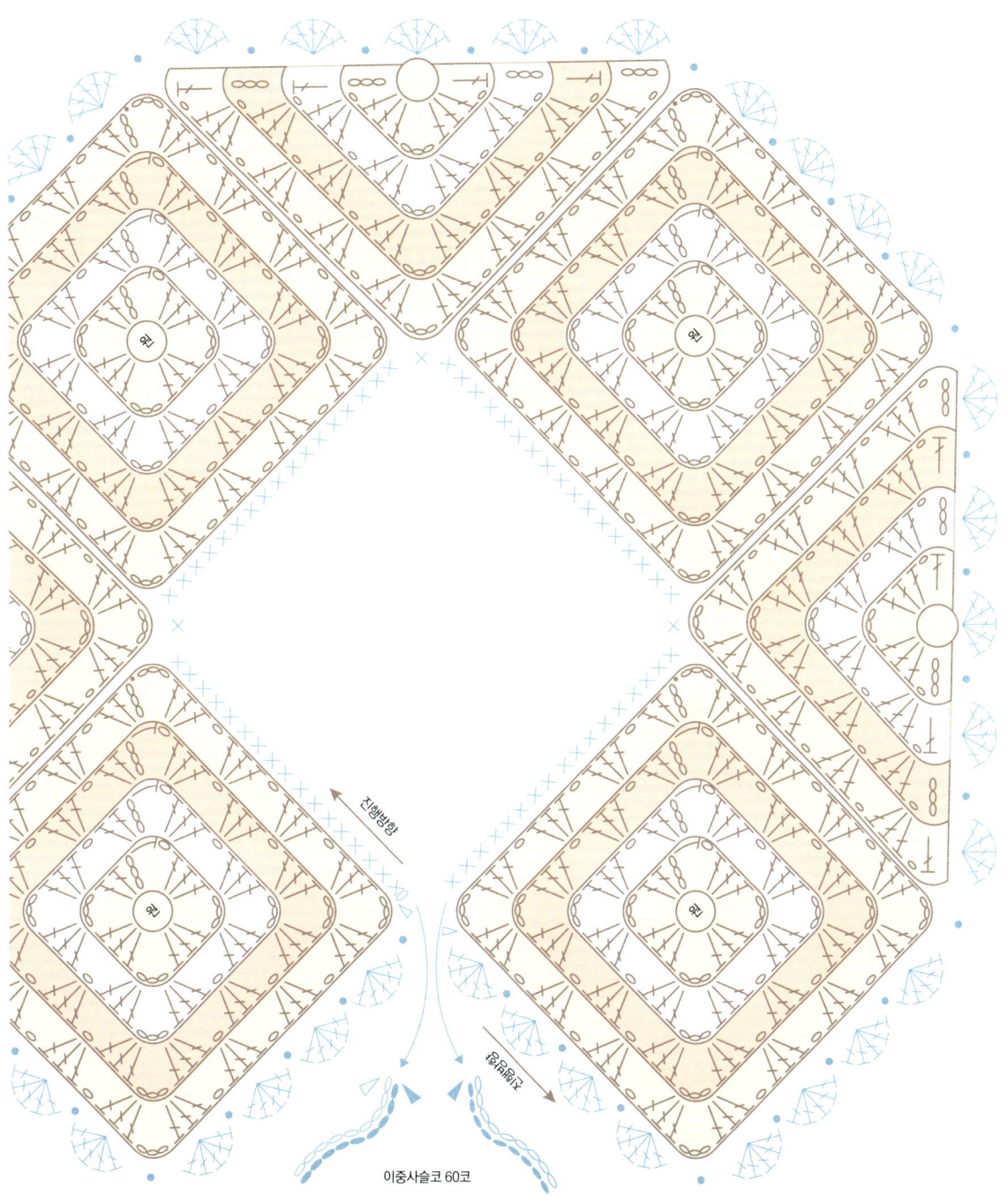

이중사슬코 60코

MOTIF
VEST

모티브 베스트

모티브 뜨기의 끝판왕! 작은 소품들은 마스터 했으니 모티브를 연결해 귀여운 베스트를 만들어봅니다. 남아, 여아 상관없이 원하는 배색으로 자유롭게 완성할 수 있어요. 코바늘로 조금 더 자연스러운 고무단을 떠보면서 실력을 한 단계 업그레이드 시킬 수 있을거예요. 완성된 베스트는 티셔츠, 원피스 등과 레이어드해서 코디해주세요.

모티브 베스트 뜨기

사이즈 스몰(1~3y), 미디움(4~6y)
사용실 더블선데이 스몰 - A 2볼, B 1볼, C 1볼 | 미디움 - A 3볼, B 1볼, C 1볼
사용바늘 모사용 코바늘 6/0호

만드는 방법
1 주어진 갯수만큼 모티브를 뜬 후 스팀다림질로 모양을 잡아줍니다. 이때 모티브 사이즈를 반드시 확인해주세요. 2 준비된 모티브는 전개도를 참고해 돗바늘 연결 방법으로 연결해줍니다. 3 목둘레, 진동, 밑단의 고무단을 떠줍니다.

사이즈 [스몰]

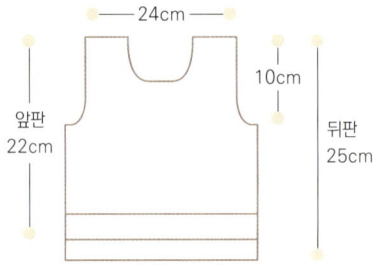

[스몰]

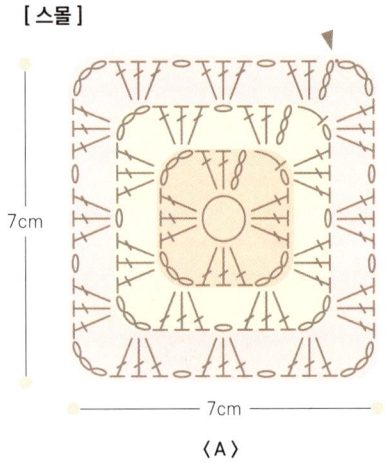
〈A〉

〈B〉

〈C〉

전개도

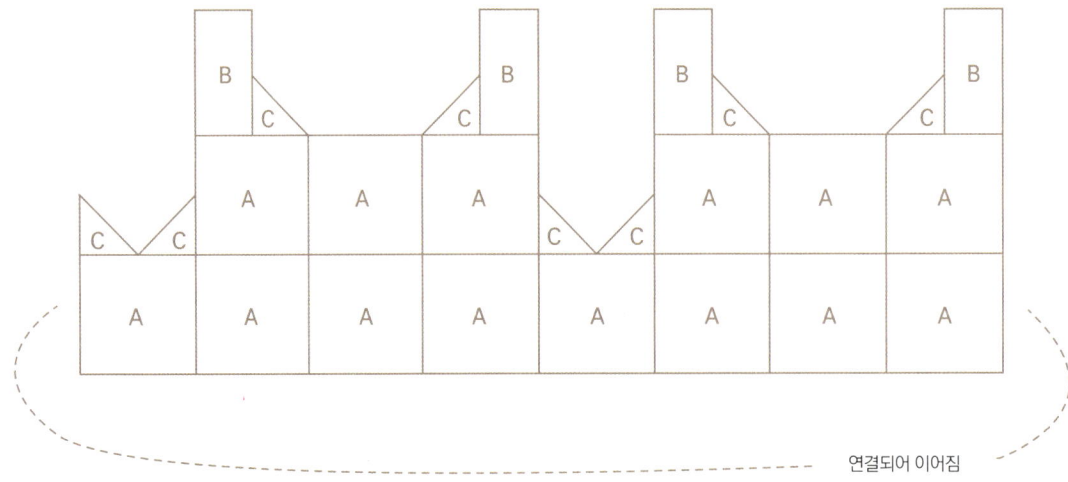

연결되어 이어짐

[미디움] 사이즈 [미디움]

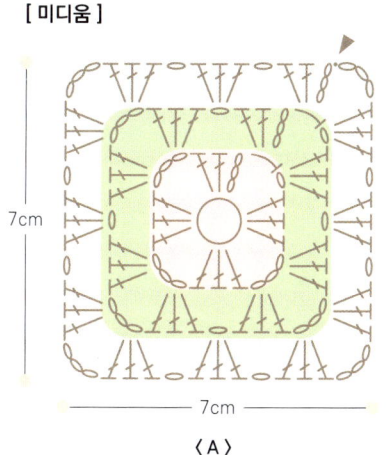
⟨A⟩

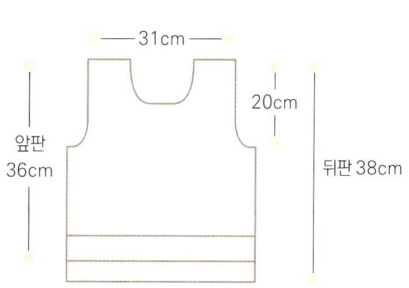

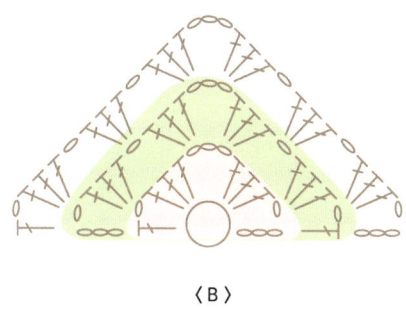
⟨B⟩

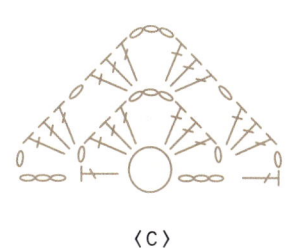
⟨C⟩

전개도

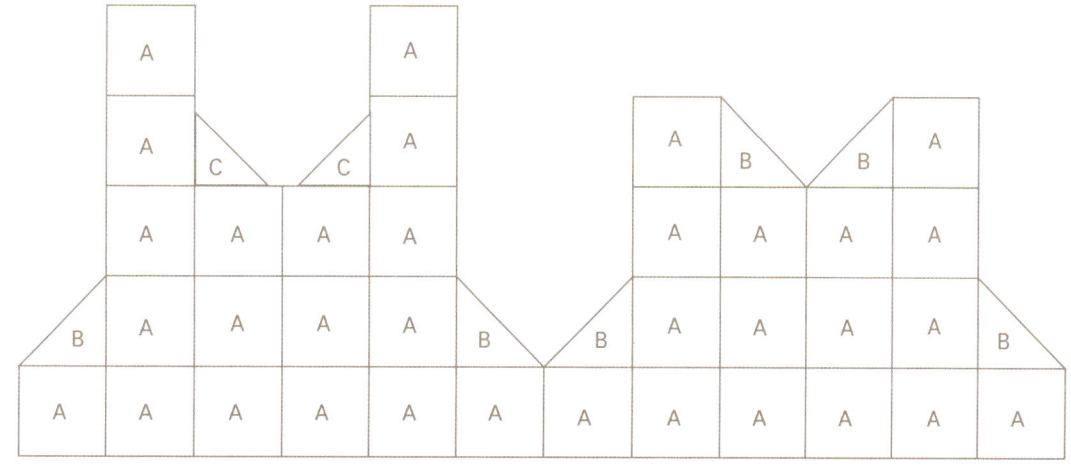

연결되어 이어짐

[스몰]

[미디움]

고무단

각 위치에서 정해진 콧수만큼 왼쪽 기호 도안을
참고하여 고무단을 떠줍니다.

누구나 쉽게 만드는 키즈 손뜨개 아이템 21
마즈쿠리의 베이비 보넷

초판 1쇄 발행 2023년 1월 30일
초판 11쇄 발행 2025년 11월 26일

지은이　강유경
펴낸이　이새봄
펴낸곳　래디시

디자인　조성미

출판등록　제2022-000313호
주소　서울특별시 용산구 한강대로 366, 트윈시티 남산 746호
연락처　010-5359-7929
이메일　radish@radishbooks.co.kr
인스타그램　instagram.com/radish_books

ISBN　979-11-981291-1-6 (13590)

ⓒ 강유경, 2023

- 책값은 뒤표지에 있습니다.
- 잘못 만들어진 책은 구입하신 서점에서 교환해드립니다.
- 이 책은 저작권법에 따라 보호받는 저작물이므로 무단전재와 무단복제를 금합니다. 이 책의 전부 또는 일부를 이용하려면 반드시 사전에 저작권자와 래디시의 서면 동의를 받아야 합니다.

'래디시'는 독자의 삶의 뿌리를 단단하게 하는 유익한 책을 만듭니다.
같은 마음을 담은 알찬 내용의 원고를 기다리고 있습니다.
기획 의도와 간단한 개요를 연락처와 함께 radish@radishbooks.co.kr로 보내주시기 바랍니다.